Le contentieux
de l'*esport*

Le droit aujourd'hui

La collection « Le droit aujourd'hui » regroupe des études juridiques concernant des problèmes d'actualité nationale et internationale, dans divers domaines (éthique, politique, questions de société…).

Déjà parus

François GERBER, *Tempête Xynthia. La responsabilité des acteurs locaux dans les conséquences de la submersion*, 2023.
Olivier SALOMON, *Interprétation artistique et propriété intellectuelle, Essai d'une théorie du voisinage des droits exclusifs au sein de la propriété littéraire et artistique*, 2023.
Sarah TOUBAL, *Le rebond du débiteur. Contribution à l'étude du droit de la défaillance économique,* 2023.
Claire BORREL, Loïc PELISSIER, Abélisse PINCHON, *Altruisme et Droit*, 2023.
Cristina Elena POPA TACHE, *Le dynamisme du droit international public contemporain et la transdisciplinarité,* 2023.
Charles COLOMAR, *Le droit de l'art en question(s). 20 réponses juridiques sur des thématiques artistiques*, 2023.
Marcel Yannick MISONGUI, *La protection juridictionnelle par la Cour de justice dans l'ELSJ et la PESC après le Brexit*, 2023.
François CAMPAGNOLA, *Précis de droit de l'énergie*, 2023.
Sébastien DEMAY, *La charge de travail à l'ère du numérique*, 2023.
Meganne NATALI, *Le droit international face au trafic illégal de biodiversité sauvage,* 2023.
Rahma BENTIROU MATHLOUTHI (dir.), *Proportionnalité, droits fondamentaux et juge, Proportionality, fundamental rights and judges*, 2023.
Aécio Filipe COELHO FRAGA DE OLIVEIRA, *L'exécution des mesures à titre provisoire rendues par un tribunal arbitral situé à l'étranger*, 2022.
Naivi CHIKOC BARREDA, *Succession internationale et dispositions spéciales de la lex rei sitae. Contribution à l'étude de l'impérativité internationale en matière successorale*, 2022.
Boris BARRAUD, *Éthique de l'intelligence artificielle*, 2022.
Boris BARRAUD, *Dignité, liberté, égalité*, 2022.
Boris BARRAUD, *Humanisme et intelligence artificielle*, 2022.
Michel BOUDJEMAÏ, *La territorialisation de l'aide sociale légale*, 2022.

Sébastien Martin

Le contentieux de l'*esport*

L'Harmattan

5-7, rue de l'École-Polytechnique, 75005 Paris
http://www.editions-harmattan.fr
ISBN : 978-2-336-42805-5
EAN : 9782336428055

Avertissements

Abus de langage. – Pour des raisons de commodité, le terme de « joueur » sera utilisé comme synonyme de « joueur professionnel » ou « joueur compétitif », le joueur amateur de jeux vidéo étant exclu de notre étude.

Cet ouvrage est à jour des réformes au 1er juin 2023.

Il intègre donc les nouveautés résultant de la loi n° 2023-451 du 9 juin 2023 visant à encadrer l'influence commerciale et à lutter contre les dérives des influenceurs sur les réseaux sociaux.

Principales abréviations

AJDA : Actualité juridique – Droit administratif
ARJEL : Autorité de Régulation des Jeux en Ligne
Bibl. dr. privé : Bibliothèque de droit privé
Bibl. dr. public : Bibliothèque de droit public
Bibl. sc. crim. : Bibliothèque de sciences criminelles
Bull. civ. : Bulletin des arrêts des chambres civiles de la Cour de cassation
Bull. crim. : Bulletin des arrêts de la Chambre criminelle de la Cour de cassation
Cah. dr. sport : Cahiers de droit du sport
Cass. com. : Chambre commerciale de la Cour de cassation
Cass. crim. : Chambre criminelle de la Cour de cassation
Cass. soc. : Chambre sociale de la Cour de cassation
CE / CE Ass. : Conseil d'État / Conseil d'État en formation d'assemblée plénière
chron. : Chronique
coll. : Collection
concl. : Conclusions
Cons. const. : Conseil constitutionnel
D. : Recueil Dalloz
DA : Dalloz analytique (1941 – 1944)
D. Affaires : Recueil Dalloz, édition « affaires » (1995 - 1999)
Dalloz IP/IT : Revue de droit de la propriété intellectuelle et du numérique
(dir.) : Sous la direction de
Dr. fisc. : Droit fiscal
Dr. ouvrier : Droit ouvrier
Dr. pén. : Droit pénal
Dr. soc. : Droit social
ESL : Electronic Sports League
Fasc. : Fascicule
GAJA : Les grands arrêts de la jurisprudence administrative
Gaz. Pal. : La Gazette du Palais
Ibid. : *Ibidem* (au même endroit)

JCP A : La semaine juridique – Administrations et Collectivités territoriales
JCP E : La semaine juridique – Entreprise et Affaires
JCP G : La semaine juridique - Générale
JCP N : La semaine juridique – Notariale et Immobilière
JCP S : La semaine juridique – Sociale
JDI : Journal du droit international
JS : Jurisport
LGDJ : Librairie générale de droit et de jurisprudence
LPA : Les Petites Affiches
Mél. : Mélanges en l'honneur de
op. cit. : *Opere citato* (dans l'ouvrage cité)
PUAM : Presses universitaires d'Aix-Marseille
PUF : Presses universitaires de France
RDA : Revue de droit d'Assas
RDT : Revue de droit du travail
Rec. TAS : Recueil des sentences du tribunal arbitral du sport
Rép. min. : Réponse ministérielle
Rev. arb. : Revue de l'arbitrage
Rev. soc. : Revue des sociétés
RFDA : Revue française de droit administratif
RJC : Revue de jurisprudence commerciale
RJDA : Revue de jurisprudence de droit des affaires
RJF : Revue de jurisprudence fiscale
RJO : Revue juridique de l'Ouest
RJS : Revue de jurisprudence sociale
RLDI : Revue Lamy Droit de l'Immatériel
RSC : Revue de science criminelle et de droit pénal comparé
RTD civ. : Revue trimestrielle de droit civil
RTD com. : Revue trimestrielle de droit commercial
S : Recueil Sirey
t. : Tome
Trib. arb. sport : Tribunal arbitral du sport

INTRODUCTION

Vide juridique ? « Celui qui adhère à une loi ne craint pas le jugement qui le replace dans l'ordre auquel il croit. Mais le plus haut des tourments humains est d'être jugé sans loi »[1]. En l'état du droit positif, les joueurs de jeux vidéo compétitifs pourraient, semble-t-il, poursuivre cette assertion d'Albert Camus et affirmer : « Nous sommes pourtant dans ce tourment ». Il n'existe pas, à l'heure actuelle, de « droit de l'*esport* » - et encore moins un « code de l'*esport* ». Que se passe-t-il alors en cas de litige ? Le joueur risque-t-il d'être « jugé sans loi » ? Rien n'est moins sûr et les présents travaux visent à le démontrer.

L'*esport*. *Esport*, *eSport* ou *e-sport* ? Les trois orthographes se valent et sont toutes l'abréviation du terme anglais *electronic sport* ou « sport électronique ». Sera, toutefois, préférée la première orthographe. D'une part, le tiret tend à disparaitre dans le langage courant et il devient plus courant de lire *email* qu'*e-mail*[2]. D'autre part, l'intégration d'une majuscule en milieu de mot est un usage de la langue anglaise - le *CamelCase* - et non une tradition française[3]. Savoir comment l'écrire ne permet pas pour autant de définir l'*esport*. Il doit être compris comme désignant la pratique compétitive de jeux vidéo. Denis Masséglia, député chargé de présider un groupe de travail sur l'*esport* en 2016, définit cette notion comme « la pratique du jeu vidéo en compétition, à un niveau amateur ou professionnel »[4].

[1] A. Camus, La Chute. Récit, Éditions Gallimard, coll. « NRF », 1956, p. 69

[2] Il sera noté une proposition de Maître Chomiac de Sas visant à distinguer l'*esport* et l'*e-sport*. Ce dernier terme visant uniquement les jeux vidéo de simulation d'un sport traditionnel. Ainsi, le jeu vidéo « Tennis for Two », simulation du sport du même nom, entrerait plus précisément dans la catégorie « *e-sport* »: P.-X. Chomiac de Sas, Fiches de droit et des métiers de l'esport, Ellipses, coll. « Fiches pratiques », 2022, p. 20

[3] V. par exemple pour l'usage du *CamelCase* à l'étranger : M. Wagner, « On the scientific relevance of eSports », Proc. 2006, International conference on Internet computing & conference on game development

[4] Communication du groupe de travail sur l'e-sport, D. Masséglia (dir.), 24 juillet 2019, p. 1

L'association « France Esports » propose quant à elle une définition plus large du terme qui renverrait à « l'ensemble des pratiques permettant à des joueurs de confronter leur niveau par l'intermédiaire d'un support électronique, et essentiellement le jeu vidéo, et ce quel que soit le type de jeu ou la plateforme (ordinateur, console ou tablette) »[1]. Cependant, l'utilisation de l'adverbe « essentiellement » n'est pas satisfaisante. L'*esport* ne doit renvoyer qu'aux compétitions de jeux vidéo, rien d'autre. Cette définition laisse entendre que l'*esport* pourrait désigner d'autres pratiques permettant à des joueurs de confronter leur niveau par l'intermédiaire d'un support électronique autre que le jeu vidéo. Indirectement, le droit français a fait le choix de la restriction en ne renvoyant qu'aux « jeux vidéo » et il faut s'en féliciter. Il ne reconnait cependant pas la notion d'*esport* et lui préfère les termes « compétitions de jeux vidéo » qu'il faut désormais définir.

Les compétitions. Définie comme la « recherche simultanée par deux ou plusieurs personnes d'un même avantage, d'un même résultat »[2], la compétition n'est pas ignorée du droit, qu'elle soit sportive ou *esportive*, contrairement à ce qui a pu être indiqué par ailleurs[3]. L'article L. 321-8 du Code de la sécurité intérieure définit les compétitions de jeux vidéo comme la confrontation, « à partir d'un jeu vidéo, [d']au moins deux joueurs ou équipes de joueurs pour un score ou une victoire ». Le député Masséglia pointe les similitudes entre le sport classique et l'*esport*. Il s'agit d'une compétition, d'un « affrontement concurrentiel de joueurs, en solitaire ou en équipe, dans un cadre et des règles fixés à l'avance »[4]. Si le député met l'accent sur les points communs à l'*esport* et au sport, d'autres semblent plus réticents à un rapprochement des deux

---

[1] France Esports, "Esport(s) : Définition et orthographe", 19 mars 2018, https://www.france-esports.org/esports-definition-et-orthographe (consulté le 10 avril 2023)

[2] Le Petit Robert de la langue française, définition du terme ''compétition'', Éd. Le Robert, 2023, p. 486

[3] G. Rabu, JurisClasseur Communication, Fasc. 655 : Compétitions de jeux vidéo, 20 octobre 2020, n° 20

[4] Communication du groupe de travail sur l'e-sport, *op. cit.*, p. 1

domaines. Ainsi, Thomas Bach, président du Comité International Olympique, dans un entretien donné, le 3 septembre 2018, à l'*Associated Press*, s'oppose à l'insertion des jeux de tuerie au programme olympique[1]. On trouve pourtant, parmi ces jeux, « *Counter-Strike* » et « *Overwatch* », des jeux phares de la scène compétitive. On comprend l'aversion pour ces jeux[2] qu'il serait difficile d'intégrer au programme olympique. Cependant, ils existent et attirent nombre de joueurs et de consommateurs. Ne pas les intégrer au programme olympique n'empêche pas, pour autant, d'encadrer ces compétitions *ad hoc*. Sera noté un consensus récent concernant le jeu « *Fortnite* » qui a pu être adopté par le CIO à condition de tirer sur des cibles et non d'autres joueurs afin d'évincer la violence redoutée [3].

Les jeux vidéo. Le droit français n'ignore pas, non plus, la notion de jeu vidéo qu'il va jusqu'à définir. L'article 220 terdecies, II du Code général des impôts dispose qu'« est considéré comme un jeu vidéo tout logiciel de loisir mis à la disposition du public sur un support physique ou en ligne intégrant des éléments de création artistique et technologique, proposant à un ou plusieurs utilisateurs une série d'interactions s'appuyant sur une trame scénarisée ou des situations simulées et

---

[1] W. Audureau, "E-sport : le CIO ne veut pas de « jeux vidéo de tuerie » aux Jeux olympiques", in *Le Monde*, 5 septembre 2018, https://www.lemonde.fr/pixels/article/2018/09/05/e-sport-le-cio-ne-veut-pas-de-killer-games-aux-jeux-olympiques_5350653_4408996.html (consulté le 10 avril 2023) : « Nous ne pouvons avoir au programme olympique un jeu qui promeut la violence ou la discrimination. Ce qu'on appelle les jeux de tuerie. De notre point de vue, ils sont contraires aux valeurs olympiques et ne peuvent pas être acceptés. »

[2] Aversion logiquement absente pour les jeux reprenant des sports traditionnels parmi lesquels « *Just Dance* » pour la danse, « *Zwift* » pour le cyclisme, « *Virtual Regatta* » pour la voile : Anonyme, "Jeux olympiques : « Fortnite » devient une discipline e-sportive officielle", in *Le Monde*, 8 mai 2023,https://www.lemonde.fr/pixels/article/2023/05/08/jeux-olympiques-fortnite-devient-une-discipline-e-sportive-officielle_6172515_4408996.html#:~:text=e%2Dsport,Jeux%20olympiques%20%3A%20«%20Fortnite%20»%20devient%20une%20discipline%20e%2Dsportive,olympique%20e%2Dsportive%20à%20Singapour (consulté le 8 mai 2023)

[3] *Ibidem*, Le jeu intègrera le programme de la semaine olympique *esportive* (Olympic Esports Week) de Singapour en juin 2023

se traduisant sous forme d'images animées, sonorisées ou non ». Le jeu vidéo peut reposer sur un support physique (un CD-ROM) ou un support numérique (un accès par un site Internet ou un téléchargement). Entrent dans le champ de cette définition tant les jeux auxquels il est joué seul que ceux auxquels il est joué à plusieurs. Le caractère gratuit ou payant du jeu vidéo est également indifférent à la qualification du Code général des impôts.

Le *streaming*. Le *streaming* consiste à filmer une partie de jeu vidéo et à la rediffuser à la télévision ou sur Internet. Il est procédé à un tel enregistrement pendant les compétitions. On se rapproche ici de la rediffusion, en direct ou en différé, des matchs de football de « Ligue 1 », par exemple. Le *streaming* peut également avoir lieu dans un cadre plus privé. C'est le cas lorsque le joueur, le *streamer*, joue chez lui, va enregistrer sa partie et la rediffuser, lui-même, à une audience tout en commentant spontanément, et en direct, ses actions. Il peut également tout simplement discuter avec son audience comme le ferait un « influenceur » dont le statut juridique est également sujet à réflexions[1]. Cet enregistrement de la partie de jeu vidéo peut être à l'origine de contentieux, qu'il soit effectué dans le cadre d'une compétition ou au domicile - voire au studio - du *streamer*. Si le *streaming* peut exister sans l'*esport*, l'inverse n'est plus vrai. C'est bien grâce au *streaming* que l'*esport* s'est fait connaître et a pu autant se développer[2].

Les pseudonymes. Les joueurs, les *streamers*, les influenceurs usent de noms de scène. Après les avoir nommés intégralement en respectant un ordre particulier, la présente étude ne se réfèrera qu'à leurs pseudonymes par pure commodité. La convention en la matière est de préciser le prénom, suivi du pseudonyme entre guillemets ainsi que du nom de famille. Ainsi, par exemple, après avoir rappelé l'identité exacte de

---

[1] Cf infra « La proposition de loi sur les influenceurs »

[2] N. Besombes, « Du *streaming* au *mainstreaming* : mécanismes de médiatisation du sport électronique », in *Sport et médias*, A. Obœuf (dir.), CNRS Éditions, coll. « Les Essentiels d'Hermès », 2015, p. 179

l'influenceur Lucas « Squeezie » Hauchard, il ne sera plus mentionné que son pseudonyme « Squeezie ».

Le contentieux. La présente étude s'intéresse au « Contentieux de l'*esport* »[1]. Elle n'a pas la prétention de passer en revue la totalité de la réglementation applicable à ce domaine d'activité. Elle se limite à la règlementation applicable aux éventuels[2] conflits qui pourraient naître de la préparation puis de la participation à des compétitions de jeux vidéo. Ne seront ainsi pas traités les aspects relatifs aux jeux vidéo en tant que tels, en dehors de toute compétition[3]. S'agissant du choix de la forme sociale pour exercer les diverses activités de ce secteur ou de la fiscalité applicable à ce domaine, ils ne seront étudiés qu'avec une vision biaisée par des considérations contentieuses. Sous quelle forme faut-il exercer pour éviter les conflits ? Quelles conséquences procédurales découlent du choix de la société commerciale, de l'association ou de l'autoentreprise ? Quels arguments soutenir pour contester une imposition dans le cadre d'un contentieux opposant l'administration fiscale au joueur ou organisateur de compétitions ?

Le conseil. Pour des considérations davantage proches de l'activité de conseil d'un avocat, il sera renvoyé à deux thèses encore en préparation à l'Université Paris-Saclay[4]. Ces dernières traiteront, bien mieux que la présente étude ne l'aurait pu, de tous les aspects dépourvus de liens directs avec le contentieux. Ne

---

[1] Pour une contribution partageant le même titre mais ne traitant pas des mêmes aspects du contentieux de l'*esport* : C. Le Goffic, « Le contentieux de l'e-sport », in *Les enjeux juridiques de l'e-sport*, G. Rabu et M. Reverchon-Billot (dir.), PUAM, 2017, pp. 301 - 350

[2] Il s'agit effectivement d'un véritable « exercice de prospective juridique » : *Ibid.*, p. 301

[3] Sur ce point : P. Van Den Bulck, T. Verbiest, « Jeux vidéo : synthèse d'un cadre juridique naissant », JCP G n° 1-2, 10 janvier 2007, doctr. 100 ; C. Caron, « Qualification distributive pour le jeu vidéo, œuvre complexe », Comm. com. électr. n°9, Septembre 2009, comm. 76

[4] E. Guedes, L'encadrement juridique des compétitions de jeux vidéo sous le prisme des problématiques numériques, thèse, Université Paris-Saclay, J. Lapousterle (dir.), en cours ; C. Godefroid, Les contrats de l'e-sportif professionnel, thèse, Université Paris-Saclay, D. Houtcieff (dir.) en cours

sera pas non plus étudiée la question de la formation, au lycée ou dans le cadre d'études supérieures, des futurs joueurs professionnels d'*esport*, bien que cela soit une problématique récurrente dès qu'il s'agit de s'intéresser à l'essor de cette pratique en France[1]. Les questions relatives à la rédaction des contrats dans le monde de l'*esport* sont en partie, d'ores et déjà, bien traitées[2].

Enjeux théoriques. Le « droit de l'*esport* » a fait l'objet de très peu de travaux. Seuls quelques ouvrages se sont attelés à la tâche. Maîtres Encarnacao[3] et Chomiac de Sas[4] proposent un traitement succinct et accessible à tous de la question de l'*esport*. À cette approche doit désormais s'ajouter un traitement plus compet, à l'image de ce que propose l'ouvrage collectif « Les enjeux juridiques de l'e-sport »[5] qu'il convient d'actualiser et de nuancer sur certains points.

Enjeux pratiques. S'il apparait opportun de se questionner sur la réglementation de l'*esport* en France, c'est car cette pratique ne l'a jusqu'à présent que très peu été. De fait, il s'agit d'un phénomène récent. Pour autant, il est en expansion, génère des profits et attire tant professionnels que politiques. Il apparait, à première vue, nécessaire d'encadrer ce secteur.

Une pratique ancienne des jeux vidéo. La pratique des jeux vidéo n'est pas récente. Le premier brevet pour un jeu vidéo a été délivré le 14 décembre 1948 à Thomas Goldsmith Jr. et Estle Ray pour « *Cathode Ray Tube Amusement Device* »[6]. Malgré des

---

[1] R. Maracineanu, C. O, "Stratégie nationale esport 2020-2025", Dossier de presse, 29 octobre 2019, p. 5

[2] J.-R. Cognard, Les contrats de travail dans le sport et l'e-sport, Dalloz, coll. « Hors-série », 2022

[3] C. Encarnacao, Le droit de l'esport : le guide, Éditions Bréal, coll. « Lexifac », 2021

[4] P.-X. Chomiac de Sas, Fiches de droit et des métiers de l'esport, Ellipses, coll. « Fiches pratiques », 2022

[5] G. Rabu, M. Reverchon-Billot, Les enjeux juridiques de l'e-sport, PUAM, 2017

[6] P.-X. Chomiac de Sas, *op. cit.*, p. 13

critiques récurrentes tenant notamment à un lien présumé avec la violence chez les jeunes[1], le jeu vidéo a gagné en popularité. À tel point qu'aujourd'hui, suffisamment de personnes s'y intéressent pour que puisse se développer une nouvelle activité : l'*esport*.

L'organisation concomitante de compétitions[2]. Si les premiers jeux vidéo semblent officiellement datés de 1948, il n'a fallu attendre qu'une décennie avant l'organisation de compétitions. En effet, dès 1958, le jeu de simulation de tennis « Tennis for Two » a donné lieu à un affrontement encadré entre des joueurs[3]. Il faut cependant attendre quelques années avant la démocratisation de ces compétitions. Un premier pas sera franchi en 1980 par l'entreprise « Atari » qui organise une compétition autour du jeu « Space Invaders ». Plus de dix mille participants s'affronteront[4]. L'*esport* gagnera véritablement en popularité à la fin des années 1990, en Asie et principalement en Corée du Sud avant de revenir aux États-Unis d'Amérique et de s'exporter, à un rythme très modéré, en Europe au début des années 2000[5].

Le bénéfice de la crise sanitaire. Si la pratique des jeux vidéo n'est pas nouvelle, elle a, surtout, bénéficié de la crise sanitaire et des confinements successifs[6]. Le regain d'intérêt pour les jeux vidéo, l'une des sources principales de divertissement pour les jeunes – et les moins jeunes – durant la pandémie, a également favorisé l'émergence, chez certains joueurs, d'une volonté de se professionnaliser. Jouer aux jeux vidéo est

---

[1] N. Besombes Sport électronique, agressivité motrice et sociabilités, thèse, Université Paris V Descartes, L. Collard et E. Dugas (dir.), 2016

[2] J.-F. Brocard, « Le développement économique de l'e-sport », in *Les enjeux juridiques de l'e-sport*, PUAM, 2017, pp. 55 – 80, spéc. pp. 58 et s.

[3] Nombreux sont les auteurs qui présentent une compétition organisée par l'Université de Stanford en 1972 comme la première : G. Rabu, M. Reverchon-Billot, Introduction, in *Les enjeux juridiques de l'e-sport*, PUAM, 2017, pp. 13 – 19, spéc. 14

[4] P.-X. Chomiac de Sas, *op. cit.*, p. 16

[5] N. Besombes, « Du *streaming* au *mainstreaming* : mécanismes de médiatisation du sport électronique », *op. cit.*, p. 179

[6] P.-X. Chomiac de Sas, *op. cit.*, p. 15

agréable, gagner de l'argent en le faisant l'est encore plus. D'autres, sans aller jusqu'à se lancer dans une activité professionnelle se sont tout de même rapprochés du milieu de l'*esport*. Alors que certains jouent, d'autres les regardent jouer. Le fonctionnement est le même que pour un sport traditionnel où certains sont sur le terrain pendant que d'autres les regardent depuis les tribunes, un bar ou un canapé.

Une activité lucrative dans le monde[1]. Si cette activité génère des profits, c'est, bien logiquement, car les consommateurs sont au rendez-vous[2]. Ainsi, en 2018, la finale du championnat du monde du jeu vidéo « *League of Legends* » a rassemblé 99,6 millions de spectateurs en ligne. Ces tournois - pas comme les autres - sont financés en grande partie par les sponsors et les revenus générés par la diffusion en *streaming* - accompagnée de publicités - des matchs[3]. Si la coupe du monde, en 2019, du jeu « *Fortnite* » a permis à l'américain Kyle « Bugha » Giersdorf, alors âgé de 16 ans[4], de remporter un *cash prize* de trois millions de dollars, c'est bien que l'organisateur de la compétition réalise suffisamment de profits pour se permettre une telle récompense. Que dire alors du prix, s'élevant à 25,5 millions d'euros, remporté par le vainqueur de la coupe du monde du jeu « Dota2 » en 2018 ? Ce domaine d'activité attire investisseurs et consommateurs. Aux États-Unis d'Amérique, la société « FaZe Clan », qui parraine plus de quarante joueurs, affiche une valeur de 240 millions de dollars. Cela en grande partie grâce à la conclusion de partenariats avec de grandes sociétés parmi lesquelles « Nissan ». Et pourtant, « FaZe Clan »

---

[1] G. Bonneton, ''La révolution du e-sport : une économie en plein essor'', in *Forbes*, 15 juin 2018, https://www.forbes.fr/business/la-revolution-du-e-sport/ (consulté le 1er mai 2023)

[2] Pour une présentation de quelques chiffres : J.-F. Brocard, « Le développement économique de l'e-sport », *op. cit.*, spéc. pp. 63 et s.

[3] J. Vallot, « L'exploitation audiovisuelle des compétitions e-sportives », in *Les enjeux juridiques de l'e-sport*, G. Rabu et M. Reverchon-Billot (dir.), PUAM, 2017, pp. 561 - 580

[4] Sur quelques conséquences de la participation de mineurs dans l'*esport* : A. Pimbert, « Le joueur mineur de jeu vidéo compétitif », in *Les enjeux juridiques de l'e-sport*, G. Rabu et M. Reverchon-Billot (dir.), PUAM, 2017, pp. 175 - 196

ne se classe qu'à la quatrième position du classement annuel, établi par le magazine *Forbes*, des entreprises d'*esport* les plus rentables[1]. Les États-Unis d'Amérique ne sont pas les seuls géants de l'*esport*. Le groupe de travail sur l'*esport* dirigé par le député Masséglia relevait ainsi son importance en Corée du Sud puisque « l'audience de l'e-sport dans ce pays est estimée à plus de 7 millions de spectateurs en 2017, avec plus de 3,4 millions de spectateurs réguliers, ce qui en fait le « sport » le plus regardé après le baseball dans le pays »[2].

Une activité lucrative dans l'hexagone. Si la France accueille cette année la compétition mondiale du jeu « *Counter-Strike* » et « assoit sa position sur la carte mondiale de l'esport »[3], ce n'est pas la première fois qu'elle profite de cette économie. La finale du championnat précité de « *League of Legends* » avait déjà pu être hébergée, en 2019, à l'AccorHotels Arena, dans le douzième arrondissement de Paris. C'est la première fois que Paris accueillait la compétition et 17.000 spectateurs ont – presque - rempli Bercy pour y assister physiquement. Les spectateurs étaient encore plus nombreux en ligne[4]. En France, les consommateurs d'*esport* sont estimés à 10,8 millions d'internautes de quinze ans et plus[5]. L'engouement autour de la consommation de ce type de contenu permet à l'*esport* d'être une

---

[1] Anonyme, "E-Sport : Les sociétés les plus rentables au monde en 2019", in *Forbes*, 8 novembre 2019, https:// www.forbes.fr/business/e-sport-les-societe-les-plus-rentables-au-monde-en-2019/ (consulté le 19 avril 2023)

[2] Communication du groupe de travail sur l'e-sport, *op. cit.*, p. 2

[3] N. Richaud, "Avec le Major de Counter-Strike, la France assoit sa position sur la carte mondiale de l'e-sport", in *Les Échos*, 12 mai 2023, https://www.lesechos.fr/tech-medias/hightech/avec-le-major-de-counter-strike-la-france-assoit-sa-position-sur-la-carte-mondiale-de-le-sport-1942938?fbclid=IwAR1RU0X54_Y_rnEFZg5AWEEHcIGKLpSa4ivaXmr-3VFsTtScCenPAQMEOuQ (consulté le 12 mai 2023)

[4] Anonyme, « League of Legends : 17.000 personnes à Bercy pour le titre de champion du monde des FPX », in *Le Parisien*, 12 novembre 2019, https://www.leparisien.fr/video/league-of-legends-17-000-personnes-a-bercy-pour-le-titre-de-champion-du-monde-des-fpx-12-11-2019-8191281.php (consulté le 10 avril 2023)

[5] France Esports, Résultats de l'édition 2022 du baromètre, 1er novembre 2022 : https://www.france-esports.org/barometre-france-esports-resultats-edition-2022/ (consulté le 10 avril 2023)

activité lucrative en France. « Avec un peu plus de 28 millions d'euros de chiffre d'affaires en 2018 et une croissance continue, la France s'affiche parmi les *leaders* mondiaux du secteur »[1]. On compterait d'ailleurs, dans l'hexagone, plus d'une trentaine d'équipes professionnelles, plus de huit cents associations *esportives* et plus de deux millions de pratiquants en 2018[2].

Un phénomène attractif. En effet, si le programme olympique pour les jeux olympiques de Paris pour 2024 ne contient pas ce nouveau genre de sport[3], Kit McConnell, directeur des sports du Comité international olympique (CIO) a annoncé que la porte était ouverte « pour intégrer l'une de ces formes de sport virtuel dans le programme olympique à Los Angeles »[4]. Soit, pour 2028. L'*esport* semble donc intéresser les acteurs du sport comme l'illustre la création, par plusieurs clubs de football, d'équipes d'*esportifs* (PSG Esports, West Ham United, Barça eSports…)[5]. Après la création de la structure « Grizi Esport » par le joueur de football français Antoine Griezmann, c'est au tour de Lucas Hauchard, créateur de contenus et « influenceur », de créer « Gentle Mates » un club d'*esport*. Plus connu sous le pseudonyme « Squeezie », il est accompagné de deux anciens joueurs de jeux vidéo et de parrains[6]. Ces derniers financent le club et son développement. Au lancement officiel du club, soit au 13 avril 2023, « Gentle Mates » compte trois partenaires d'horizons divers - illustrant le caractère attractif de l'*esport*[7] : DEEZER, plateforme de

---

[1] R. Maracineanu, C. O, *op. cit.*, p. 2
[2] *Ibid.*, p. 2
[3] Qui n'en est en réalité pas un. V. en ce sens : J. Huet, P.-X. Chomiac de Sas, « L'e-sport : pas un sport, mais une « compétition de jeux vidéo » désormais encadrée », Comm. com. electr., juillet-août 2017, étude 12
[4] Y. Agnel, "Le CIO envisage des sports virtuels pour les JO 2028", in *L'Équipe*, 1er juin 2021, https://www.lequipe.fr/Esport/Actualites/Esport-le-cio-envisage-des-sports-virtuels-pour-les-jo-2028/1257730 (consulté le 30 septembre 2022)
[5] P.-X. Chomiac de Sas, *op. cit.*, p. 17
[6] P. Deschemps, « Les contrats de sponsoring e-sportifs », in *Les enjeux juridiques de l'e-sport*, G. Rabu et M. Reverchon-Billot (dir.), PUAM, 2017, pp. 525 - 548
[7] J.-F. Brocard, *op. cit.*, spéc. p. 78

streaming musical, TCL, fabricant de matériel électronique et ALDI, chaîne de supermarchés *hard-discount*. Ce nouveau club s'ajoute aux « près de 1 000 structures *esportives* en France »[1]. Peut-être réussiront-ils à intégrer, avec leur structure, le top 10 mondial des sociétés *esportives* les plus puissantes[2] parmi lesquelles on ne compte actuellement que deux structures européennes[3].

Un intérêt politique. Le président de la République affirme quant à lui que la tenue des jeux olympiques à Paris pourrait profiter aux jeux vidéo : « Nous avons une opportunité historique : celle des JO de 2024. À nous d'en profiter pour faire le lien entre les Olympiades des deux mondes en accueillant cette année-là les plus grands évènements e-sportifs mondiaux : un major de CS:GO[4], les Worlds de League of Legends et The International de Dota 2 »[5]. L'actuel président de la République n'est pas le seul à se préoccuper de ce phénomène. Sous le mandat du président François Hollande, la secrétaire d'État chargée du numérique, Axelle Lemaire s'est associée au sénateur Jérôme Durain et au député Rudy Salles[6] pour doter la France d'une structure de gouvernance de l'*esport* : l'association loi 1901 « France Esports ». L'intérêt politique pour l'*esport* peut

[1] C. Encarnacao, *op. cit.*, p. 49

[2] B. Knight, "The most valuable esports companies 2022", in *Forbes*, 6 mai 2022, https://www.forbes.com/sites/brettknight/2022/05/06/the-most-valuable-esports-companies-2022/?sh=59b4f584599f (consulté le 24 avril 2023)

[3] « Team Liquid » (3e position) est une structure néerlandaise et « G2 Esports » (6e position) est un club espagnol ayant son siège à Berlin

[4] Promesse tenue puisque le prestigieux tournoi s'est tenu à Bercy en mai 2023 : A. Defer, "E-sport : à Paris, un Major de « Counter-Strike » symbole d'un engouement politique récent pour le secteur", in *Le Monde*, 8 mai 2023, https://www.lemonde.fr/pixels/article/2023/05/08/e-sport-a-paris-un-major-de-counter-strike-symbole-d-un-engouement-politique-recent-pour-le-secteur_6172502_4408996.html#:~:text=Depuis%20presque%20un%20an%2C%20l,du%20Major%20de%20CS%20%3A%20GO (consulté le 8 mai 2023)

[5] The Big Whale, "L'innovation et la prise de risque font écho à l'histoire profonde de notre pays", 21 avril 2022, https://www.thebigwhale.io/article/macron-linnovation-et-la-prise-de-risque-font-echo-a-lhistoire-profonde-de-notre-pays (consulté le 30 septembre 2022)

[6] Rapport intermédiaire « E-sport, la pratique compétitive du jeu vidéo », J. Durain et R. Salles (dir.), mars 2016

trouver deux justifications. D'une part, si un phénomène concerne de plus en plus de monde, il est important pour un bord politique de montrer qu'il ne l'ignore pas, qu'il écoute les préoccupations des Français[1]. Finalement, cela revient à démontrer que son parti est « à la page ». D'autre part, si les Français sont friands d'*esport*, en tant que joueurs professionnels ou consommateurs de contenus, cela se répercute sur l'économie. La France serait même le deuxième pays comptant le plus grand nombre de joueurs de compétitions d'*esport* après les États-Unis d'Amérique[2]. Ce secteur d'activité créé de l'emploi et des richesses ce qui justifie l'ambition du gouvernement[3] : « faire de la France le *leader* européen de l'*esport* d'ici 2025 et l'une de ses toutes premières nations mondiales »[4]. Il faut donc, *a priori*, intervenir pour protéger les joueurs et rendre la France attractive.

Enjeux juridiques. Pour que la France devienne ce « *leader* européen » encore faut-il qu'elle soit en mesure d'accueillir les plus grandes compétitions. Si la capacité économique est indispensable, établir un cadre juridique précis l'est tout autant. Comment accueillir sereinement les « Majors de CS:GO » si le droit positif français n'est pas adapté ? L'intérêt de la présente étude est donc d'étudier ce droit positif. Bien que le constat idéal serait celui d'une complétude du droit français, suffisant pour régir n'importe quelle activité inédite à laquelle le législateur n'aurait pas songé, il convient de lutter contre les biais. Lorsque la législation apparait lacunaire ou critiquable à certains égards,

---

[1] The Big Whale, *op. cit.* : Emmanuel Macron concluait d'ailleurs son propos ainsi : « Si les Français me font confiance, nous y travaillerons dès mon élection »

[2] Statista 2023, "Nombre de joueurs de compétitions d'e-sport recensés dans le monde en 2021, selon le pays", décembre 2021, https://fr.statista.com/statistiques/658867/esport-competition-pays-nombre-de-joueurs-monde/ (consulté le 10 avril 2023)

[3] Ambition qui se manifeste par des actes concrets : C. Callier, "L'e-sport, cet eldorado qui suscite les rêves les plus fous", in *Le Figaro*, 16 mai 2023, https://www.lefigaro.fr/sports/autres-sports/l-e-sport-cet-eldorado-qui-suscite-les-reves-les-plus-fous-20230516#:~:text=ENQU%C3%8ATE%20%2D%20Depuis%20plusieurs%20ann%C3%A9es%2C%20la,D%C3%A9but%20juin%202022., (consulté le 17 mai 2023)

[4] R. Maracineanu, C. O, *op. cit.*, p. 1

l'honnêteté intellectuelle impose de ne pas le masquer. Seront alors proposées quelques pistes d'amélioration. Pour ce faire, pourrait être fait application, par extension, des règles du droit du sport. À défaut, seront étudiés les systèmes de droits étrangers pour s'en inspirer.

Une nécessaire structuration de l'*esport*. « L'esport est loin d'être aussi structuré que le sport qui est organisé en fédérations agréées ou délégataires du ministère des Sports »[1]. De ce constat, des initiatives sont nées, notamment au niveau européen. Ainsi, en février 2020 a été créée l'*European Esports Federation* (EEF) par vingt-six associations et fédérations nationales d'*esport* afin d'agir dans l'intérêt de ce nouveau domaine d'activité[2]. L'EEF représente aujourd'hui les acteurs de l'*esport* de quarante-quatre États.

Vers un droit de l'*esport* ?[3] De la même manière que le droit français n'offre pas une règlementation spécifique à chaque sport, il ne serait pas opportun de légiférer spécialement pour chaque jeu. Cela ne serait d'ailleurs pas possible comme l'illustre déjà notre droit positif. En effet, l'arrêté prévoyant les dates de début et de fin de saison des compétitions de jeux vidéo s'intéresse, d'une part, aux jeux édités par la société « *Riot Games* » et, d'autre part, aux « autres éditeurs et développeurs indépendants de jeux vidéo »[4]. Il n'est en effet pas possible de distinguer parmi la masse des jeux existant et il est déjà

[1] C. Encarnacao, *op. cit.*, p. 12

[2] European Esports Federation, "About Esports Europe", https://eef.gg/about/ (consulté le 10 avril 2023)

[3] P. Perbost, « Quel cadre juridique pour l'e-sport », RJC mars/avril 2016, n°2, p. 165, spéc. p. 169 ; J.-S. Mariez, X. Près, « Régime juridique du « e-sport » : avancées législatives et compléments annoncés », RLDI 2017, n° 136, p. 41 ; S. du Puy-Montbrun, « Vers la construction d'un droit de l'e-sport ? », JCP G 2018, 1194 ; G. Rabu, « Amorce d'un cadre juridique spécifique pour l'e-sport », Comm. com. électr. 2017, chrono. 12, n° 11, obs. n° 7 ; E. Tessier, Vers une clarification juridique de l'e-sport : LPA 2017, n° 134, p. 6 ; J. Groffe, « L'encadrement de l'e-sport par la loi pour une république numérique du 7 octobre 2016 », Dalloz IP/IT 2019, p. 35

[4] Annexe de l'arrêté du 17 avril 2018 fixant la liste des dates de début et de fin de saison de compétitions de jeux vidéo

surprenant que « *Riot Games* » jouisse d'une législation propre. On ne pourra se satisfaire que d'un droit commun applicable à l'organisation de compétitions sans distinction du jeu auquel il est joué[1]. Et encore. Faut-il nécessairement légiférer plus que ce qui a été, jusqu'à présent, proposé ?

L'insuffisance actuelle du droit positif français. Il a été précédemment évoqué que les jeux vidéo sont définis par le droit fiscal et que les compétitions de jeux vidéo jouissent elles aussi d'une définition dans le Code de la sécurité intérieure cette fois. Il serait erroné d'affirmer que l'organisation de telles compétitions échappe au droit français. Ce serait également méconnaître la loi n° 2016-1321 du 7 octobre 2016 pour une République numérique. Mais, si le droit français n'oublie pas l'*esport*, il n'est pas pour autant possible d'affirmer que ce domaine d'activité est réglementé de façon uniforme et satisfaisante[2]. Nombreuses sont les zones d'ombres. Lorsque le droit positif est inadapté, il convient de le relever. Mais lorsque le droit positif est muet, comment faire face à ces « vides juridiques », si tant est qu'ils existent ?

L'interprétation extensive de la notion de « sport »[3]. Tout d'abord, qualifier l'*esport* de sport permettrait de faire la lumière sur ces zones d'ombres et « d'enrayer certaines pratiques néfastes concernant les paris en ligne, le dopage, la publicité dissimulée et la fraude fiscale »[4]. Lorsque cela est possible et opportun, il ne faut pas hésiter à assimiler les deux notions afin d'appliquer à l'*esport* le droit du sport classique. C'est là une première méthode pour lutter contre les « vides juridiques ».

---

[1] G. Rabu, « Quel droit pour l'esport ? », JS 2018, n° 185, p. 26

[2] G. Rabu, « E-sport : le législateur aux manettes », Cah. Dr. sport 2016, n° 44, p. 9

[3] G. Rabu, L'e-sport, un sport ? : LPA 2013, n° 216, p. 4 ; J. Hamari, M. Sjöblom, « What is eSports and why do people watch it? », Internet Research 27(2), 2017

[4] P.-X. Chomiac de Sas, *op. cit.*, p. 29

Le raisonnement par analogie[1]. Si l'*esport* était systématiquement assimilé au sport par le législateur et le juge, il n'y aurait pas véritablement lieu à discussion. L'étude serait limitée à une appréciation de l'opportunité d'appliquer à l'*esport* des normes du sport traditionnel. On se demanderait alors si celles-ci sont adaptées au « sport électronique ». Tel n'est pas le cas. Lorsque le droit positif ne traite pas directement la question de l'*esport* et que le droit du sport traditionnel ne trouve pas application, il faudra procéder par analogie. Seront ainsi mobilisées les règles applicables aux autres secteurs d'activité qu'elles soient issues du droit administratif, des contrats, du travail, de la communication, etc... Les droits fiscal et pénal des affaires ne seront pas non plus ignorés tant ils peuvent mener à du contentieux. Seront, en revanche, oubliés les droits de la concurrence et de la propriété intellectuelle. Ils mériteraient, en effet, une étude consacrée aux contentieux accessoires à l'*esport*[2] et relatifs à sa rediffusion.

Le recours au droit comparé. Quand l'analogie n'est pas permise, sera proposé un droit prospectif s'inspirant de ce que le législateur a pu faire dans d'autres domaines du droit mais également de ce qu'ont pu proposer les législateurs étrangers. Si certains États proposent une législation suffisante et satisfaisante comme la Corée du Sud – où l'*esport* fait l'objet d'une règlementation propre depuis 2012 -, d'autres, au contraire, illustrent bien la difficulté d'encadrer l'*esport*. Ainsi, par exemple, de la Belgique où la majorité des tournois se déroulent en lieux clos pour échapper aux radars de l'État. Les *cash prize* y sont d'un faible montant car leur imposition y est élevée. Les joueurs ne peuvent, par effet de ricochet, pas espérer une carrière professionnelle, à défaut de pouvoir vivre de cette passion. Le droit positif belge est insatisfaisant et empêche le développement de l'*esport*. D'autres pays font face aux mêmes difficultés que la France. Ainsi de l'Espagne qui ne connait pas de droit spécial de

---

[1] J.-L. Bergel, Théorie générale du droit, Dalloz, coll. « Méthodes du droit », 5e éd., 2012, p. 239, n° 181

[2] Cf infra « L'exclusion de contentieux accessoires à l'*esport* »

l'*esport* mais applique à ce secteur le droit commun[1]. L'étude des systèmes étrangers pourra donc être utile afin de s'en inspirer ou, au contraire, de ne pas suivre la même direction.

Dans le cadre d'un contentieux, le justiciable bénéficie-t-il d'un droit positif suffisant ou doit-il se résoudre à « être jugé sans loi » dans l'attente d'une intervention législative ?

La présente étude se propose de suivre les différents acteurs du milieu, à chaque étape de leur activité, afin de proposer des solutions aux éventuels contentieux nés de la préparation (**Première partie**) ou de la tenue de la compétition (**Seconde partie**).

---

[1] R. Pazos, « Les enjeux juridiques de l'e-sport en Espagne », in *Les enjeux juridiques de l'e-sport*, PUAM, 2017, pp. 95 – 117, spéc. p. 98

Première partie

Les risques contentieux de la préparation d'une compétition

Le risque contentieux existe à toute étape de l'activité des joueurs, des clubs et des organisateurs de compétitions. Ces trois catégories d'acteurs engagent leur responsabilité en cas de méconnaissance de certaines dispositions civiles, pénales ou encore administratives.

L'*esport* a précédemment été défini comme le secteur d'activité entourant les compétitions de jeux vidéo. Or, pour que de telles compétitions aient lieu, encore faut-il que certaines sociétés, ou associations, les organisent. Ces dernières et les clubs d'*esportifs* sont confrontés, en amont de toute compétition, à des obligations administratives parmi lesquelles une déclaration préalable ou la demande d'un agrément. La méconnaissance de ces obligations engage leur responsabilité (**Titre 1**) mais n'est pas la seule source de danger antérieure à la compétition. En effet, l'organisateur, le club et les joueurs doivent être vigilants quant au mode d'exercice de leur activité. Ce choix aura une incidence contentieuse (**Titre 2**).

Titre 1

Des obligations administratives sources de contentieux

Le droit français n'ignore plus l'*esport*. Au contraire, il surveille même ce nouveau domaine d'activité en le subordonnant à des déclarations préalables ou agréments. Aucune compétition donnant lieu à une récompense pécuniaire ne peut avoir légalement lieu sans que l'État ne le sache.

C'est ainsi que tant les organisateurs de compétitions (**Chapitre 1**) que les clubs *esportifs* (**Chapitre 2**) sont soumis à des obligations administratives conditionnant la licéité de leurs activités. Très logiquement, le législateur a prévu des sanctions en cas de manquement auxdites obligations.

Chapitre 1
Le risque pénal pour l'organisateur de compétitions

L'organisation de compétitions de jeux vidéo est désormais légale. Cette réforme de 2016 favorise l'expansion de l'*esport* et s'inscrit dans une volonté des gouvernements successifs de faire de la France un *leader* dans ce domaine. L'attention de l'organisateur sera cependant attirée sur le principe selon lequel les exceptions sont d'interprétation stricte. Il ne devra pas se risquer à franchir les limites de ce qui est autorisé au risque d'engager sa responsabilité pénale.

Ainsi, la prohibition traditionnelle de l'organisation de jeux d'argent et de hasard (**Section 1**) a laissé place à une dérogation pour les compétitions de jeux vidéo (**Section 2**).

Section 1 - L'interdiction de principe des loteries et autres jeux d'argent et de hasard

Une prohibition ancienne des jeux de hasard[1]. Cette prohibition est issue d'un décret impérial du 24 juin 1806 qui interdisait les maisons de jeux de hasard dans l'Empire. Une loi du 21 mars 1836 viendra la compléter pour prohiber à son tour les loteries définies par son article 2 comme « toutes opérations offertes au public, sous quelque dénomination que ce soit, pour faire naître l'espérance d'un gain qui serait acquis par la voie du sort ». Jusqu'en 2020, l'article L. 322-1 du Code de la sécurité intérieure reprenait fidèlement le principe issu de cette loi et la jurisprudence constante de la Cour de cassation[2].

---

[1] Définis comme les jeux où la chance prédomine sur « l'habileté, la ruse, l'audace et les combinaisons de l'intelligence » : Cass. crim., 5 janvier 1877 : S. 1877. 1. 481

[2] P. Mbongo, Traité de droit de la police et de la sécurité, LGDJ, coll. « Les grands concours », 2014, p. 449

La prohibition des jeux d'argent. L'actuel Code de la sécurité intérieure est issu d'une œuvre de codification importante aboutie en 2012. Si elle est importante et était nécessaire, elle n'était cependant pas complète. *Quid* des jeux d'argent ne reposant pas sur le hasard ? *Quid* précisément des paris sportifs ? Le Code civil réglait, semble-t-il, la question en soumettant à la même « exception de jeu » de son article 1965, les dettes de jeu ou de pari. Il ne s'agissait cependant que d'un indice et il faudra attendre 2010 avant d'officialiser cette convergence des deux prohibitions.

La convergence des jeux d'argent et de hasard. La première étape vers une soumission à un régime commun des jeux d'argent et de hasard résulte de la prohibition des paris hippiques. Cette interdiction issue d'une loi du 2 juin 1891 est immédiatement suivie de dérogations et illustre, ainsi, le début d'une permission accordée aux paris reposant certes sur le hasard, mais pas uniquement. La deuxième étape d'un traitement commun des jeux d'argent et de hasard est la création du loto sportif par l'article 42 de la loi n° 84-1208 du 29 décembre 1984, dites « loi de finances pour 1985 ». La dernière étape de cette convergence est la loi n° 2010-476. Cette loi du 12 mai 2010 relative à l'ouverture à la concurrence et à la régulation du secteur des jeux d'argent et de hasard en ligne prévoit un Chapitre I ne distinguant plus entre les jeux d'argent et de hasard.

La sévérité de l'interdiction. Par une loi n° 2014-344 du 17 mars 2014 relative à la consommation, le Code de la sécurité intérieure est enrichi d'un article L. 322-2-1 qui disposait alors que l'interdiction des loteries « recouvre les jeux dont le fonctionnement repose sur le savoir-faire du joueur ». Dès lors que le hasard est présent, les compétences du joueur, même prépondérantes, ne permettent pas de faire échapper le jeu à l'interdiction des loteries.

Cet élargissement en 2014 de la prohibition des loteries a eu pour effet d'interdire – sans permettre plus aucun doute - les compétitions de jeux vidéo[1]. Il faudra attendre 2016 pour qu'elles soient légalisées.

Section 2 - L'exception stricte des compétitions de jeux vidéo

Les conditions de la dérogation à la prohibition sont suffisamment larges pour permettre l'essor de l'*esport* (**§1**). Celui qui tenterait d'abuser de la faveur du législateur serait, à juste titre, sanctionné pénalement (**§2**). Quelques lacunes de la loi doivent tout de même être relevées (**§3**).

§1 – La faveur du législateur pour l'*esport*

L'*esport* touché par l'interdiction[2]. La loi du 17 mars 2014 précitée, dite « Loi Hamon », interdisait les loteries qui cumulaient quatre critères. Étaient interdites « toutes opérations offertes au public » (1), qui font naître l'espérance d'un gain chez les joueurs (2), qui reposent - même partiellement - sur le hasard (3) et « pour lesquelles un sacrifice financier est exigé par l'opérateur de la part des participants » (4). Dès lors que les compétitions de jeux vidéo sont ouvertes à toute personne située en France[3], font naître chez le joueur l'espérance d'un gain quelconque - *cash prize* ou autres *goodies* –, que le joueur doit engager une somme d'argent pour participer[4] et que le hasard est présent, la compétition ne peut qu'être qualifiée de loterie.

[1] J. Lopez, « Point de vue d'un organisateur », in *Les enjeux juridiques de l'e-sport*, G. Rabu et M. Reverchon-Billot (dir.), PUAM, 2017, p. 213

[2] D. Poracchia, G. Rabu, « Le régime de dérogation au droit des jeux et paris », in *Les enjeux juridiques de l'e-sport*, G. Rabu et M. Reverchon-Billot (dir.), PUAM, 2017, pp. 386 et s.

[3] J. Huet, E. Dreyer, Droit de la communication numérique, LGDJ, coll. « Manuel », 2011, n° 207

[4] Cass. crim., 21 novembre 1989, n° 88-85.357 et n° 88-85.358 : Bull. crim. n° 432

Un objet social illicite[1]. Jusqu'à une loi n° 2016-1321 dite « pour une république numérique », l'association ou la société qui prévoyait dans son objet social « l'organisation de compétitions de jeux vidéo » encourait la nullité de la structure pour objet social illicite. S'agissant des associations, l'article 3 de la loi de 1901 relative au contrat d'association dispose que celle « fondée sur une cause ou en vue d'un objet illicite, contraire aux lois [...] est nulle et de nul effet ». S'agissant des sociétés commerciales, la nullité était encourue sur le terrain de l'article L. 235-1 du Code de commerce, celui-ci renvoyant aux « lois qui régissent la nullité des contrats ». Or, l'article 1128, 3° du Code civil frappe de nullité le contrat dont le contenu est illicite. La sanction est ferme puisqu'en vertu de l'article L. 235-3 du Code de commerce, l'action n'est pas éteinte alors même que la cause de nullité aurait cessé d'exister au jour où le tribunal statue sur le fond en première instance.

L'exception issue de la loi du 7 octobre 2016. Par la loi précitée, le législateur autorise tant les compétitions de jeux vidéo organisées en présence physique que les compétitions en ligne. Les premières échappent à la prohibition des loteries dès lors que le sacrifice financier n'est pas excessif. Les secondes n'échappent à l'interdiction que si elles ne requièrent aucun sacrifice financier, étant précisé que les frais d'accès à Internet et le coût d'achat du jeu « ne constituent pas un sacrifice financier » en vertu des articles L. 321-11 et R. 321-50 du Code de la sécurité intérieure. D'autres conditions, posées par l'article L. 321-9 du Code de la sécurité intérieure, doivent être respectées pour que les compétitions de jeux vidéo « n'entrent pas dans le champ d'application de l'article L. 320-1 ». L'une d'elle est implicite. En imposant que « le montant total des droits d'inscription ou des autres sacrifices financiers consentis par les joueurs n'excède pas une fraction, dont le taux est fixé par décret en Conseil d'État, du coût total d'organisation de la manifestation incluant le montant total des gains et lots proposés », le législateur souhaite que l'organisateur ne réalise aucun bénéfice grâce aux seuls droits

[1] V. également : C. Le Goffic, « Le contentieux de l'e-sport », *op. cit.*, spéc. pp. 332 - 337

d'inscription. En effet, l'article R. 321-48 qui fixe le taux à 100% empêche que le sacrifice financier consenti par les joueurs soit supérieur au coût d'organisation. Il doit uniquement permettre l'organisation de la compétition et non la rémunération de l'organisateur. Enfin, les articles L. 321-9, alinéa 3 et R. 321-40, I du Code de la sécurité intérieure prévoient une obligation déclarative. C'est ainsi que « les organisateurs déclarent à l'autorité administrative [...] la tenue de telles compétitions. Cette déclaration comporte les éléments permettant à l'autorité administrative d'apprécier le respect des conditions prévues aux deux premiers alinéas », et notamment celle tenant au sacrifice financier.

L'organisateur devra se rémunérer avec la publicité et les droits d'entrée payés par les spectateurs. Ces modalités de rémunération sont suffisantes. Les sommes versées par les *sponsors*[1], les bénéfices liés à la rediffusion des compétitions[2] ou encore les droits d'entrée précités suffisent amplement à rémunérer l'organisateur dont l'avidité pourrait être source de responsabilité pénale.

§2 – La fermeté de la sanction pénale de l'abus

Le risque pénal lié à la participation d'un mineur[3]. En vertu de l'article R. 321-44 du Code de la sécurité intérieure, en-dessous de douze ans, le mineur ne peut pas participer à la compétition si une récompense monétaire est prévue. Au-dessus de cet âge, une autorisation du représentant légal reste obligatoire en vertu de l'article L. 321-10 du même code. L'organisateur devra également consigner la totalité des gains jusqu'à la majorité du mineur ou son émancipation par application des

[1] P. Deschemps, « Les contrats de sponsoring e-sportifs », *op. cit.*, pp. 525 - 548
[2] J. Vallot, « L'exploitation audiovisuelle des compétitions e-sportives », *op. cit.*, pp. 561 - 580
[3] A. Pimbert, « Le joueur mineur de jeu vidéo compétitif », *op. cit.*, pp 175 - 196

articles L. 7124-9 du Code du travail[1], R. 321-45 du Code de la sécurité intérieure et 1er de l'arrêté du 17 avril 2018 fixant la part des récompenses perçues par les mineurs de seize ans. À chaque obligation correspond la sanction de son manquement. Ainsi, l'article L. 7124-25 du Code du travail réprime sur le plan pénal le défaut de consignation des sommes.

Le risque pénal du défaut de déclaration préalable. Il convient de fournir un dossier exhaustif comportant toutes les mentions imposées par l'article R. 321-41 du Code de la sécurité intérieure pour éviter tout engagement de sa responsabilité pénale. Celle-ci est prévue à deux reprises, d'abord explicitement puis implicitement. Explicitement, par un article R. 324-2, 3°, le législateur punit de l'amende prévue pour les contraventions de la quatrième classe, c'est-à-dire à une somme de 750€, le défaut de déclaration préalable. La faiblesse de la sanction doit être immédiatement contrebalancée par la sanction implicite du défaut de déclaration préalable. En effet, l'article L. 321-9 précité disposait que cette déclaration était nécessaire pour permettre à l'administration « d'apprécier le respect des conditions » de qualification en compétitions de jeux vidéo et non en loteries interdites. Ne pas fournir un dossier exhaustif entraîne donc le risque d'une requalification de la compétition de jeux vidéo en loterie interdite. Cette seconde sanction implicite est bien plus grave.

Le risque pénal d'une rémunération par le sacrifice financier. L'article R. 321-47 du Code de la sécurité intérieure liste tous les frais compris dans le coût total d'organisation. Ils sont nombreux et le législateur a fait preuve de faveur. Il sera noté, par exemple, qu'en vertu du 7° de cet article « les lots et les

[1] Le second alinéa de cet article prévoit la faculté pour le mineur de retirer cet argent avant sa majorité ou une éventuelle émancipation « en cas d'urgence et à titre exceptionnel ». L'article R. 7124-34 de ce même code ajoute une condition formelle : les représentants légaux doivent avoir reçu l'autorisation de prélèvement par le président de la commission consultative mentionnée aux articles R. 7124-3 et R. 7124-20 dudit code. Cette autorisation, qui pourra être retirée, n'est donnée qu'après avoir vérifié « l'intérêt exclusif de l'enfant ».

gains mis en jeu par les organisateurs pour la compétition » sont des coûts d'organisation. Cette faveur ne doit pas être prise pour de la faiblesse ou un certain laxisme. *Quid* s'il s'avère que la somme des sacrifices financiers effectués par les joueurs pour participer, dénommés « prix des *slot* », est supérieure à l'ensemble des coûts d'organisation ? En vertu de l'article L. 321-9, la compétition entre alors « dans le champ d'application de l'article L. 320-1 ». Or, en vertu de l'article L. 324-1 du même code, « le fait d'accomplir ou de faire accomplir des opérations de jeux d'argent et de hasard en violation de l'article L. 320-1 est puni de trois ans d'emprisonnement et de 90 000 euros d'amende. ». L'article R. 321-42 du Code de la sécurité intérieure offre à l'organisateur un délai d'un mois, après la tenue de la compétition, pour qu'il déclare, au service du ministère de l'intérieur chargé des courses et jeux, si le « prix du *slot* » a dépassé les coûts d'organisation[1].

Les justifications de la sanction pénale. Il est acquis que l'une des fonctions du droit pénal est de sanctionner les comportements portant atteinte à l'ordre public[2]. Or, l'article L. 320-3 du Code de la sécurité intérieure prévoit que cet encadrement et cette limitation des jeux de hasard, casinos et loteries poursuit pour objectifs de « 1° Prévenir le jeu excessif ou pathologique et protéger les mineurs ; 2° Assurer l'intégrité, la fiabilité et la transparence des opérations de jeu ; 3° Prévenir les activités frauduleuses ou criminelles ainsi que le blanchiment de capitaux et le financement du terrorisme ; 4° Veiller à l'exploitation équilibrée des différents types de jeu afin d'éviter toute déstabilisation économique des filières concernées. ». Ces considérations relèvent indubitablement de l'ordre public dans toutes ses composantes. Cette limitation des loteries vise à garantir la sécurité, la tranquillité et la salubrité. L'ordre public immatériel n'est pas non plus ignoré, les considérations tenant

---

[1] Cf infra « Le flou entourant l'article R. 321-42 du Code de la sécurité intérieure »

[2] S. Cinamonti, « L'ordre public et le droit pénal », in *L'ordre public à la fin du XXe siècle*, Dalloz, 1996, p. 101 ; Ph. Conte, « Remarques sur la conception contemporaine de l'ordre public pénal », in *Mél. Béguin*, Litec, 2004, p. 142

aux bonnes mœurs étant sous-jacentes à l'encadrement des jeux d'argent.

La responsabilité pénale était donc la sanction logique bien qu'elle apparaisse, sur certains points, lacunaire.

§3 – Un régime pénal confus

L'inopportunité de la circonstance aggravante de « bande organisée ». En vertu de l'article L. 324-1, « ces peines sont portées à sept ans d'emprisonnement et à 200 000 euros d'amende lorsque l'infraction est commise en bande organisée ». En vertu de l'article 132-71 du Code pénal, « constitue une bande organisée au sens de la loi tout groupement formé ou toute entente établie en vue de la préparation, caractérisée par un ou plusieurs faits matériels, d'une ou de plusieurs infractions ». La bande organisée est une circonstance aggravante révélée par une organisation structurée qui permet d'exécuter le délit à plusieurs, d'une façon quasi-professionnelle[1]. Les circonstances aggravantes sont « spéciales, en ce sens qu'elles ne s'appliquent qu'aux auteurs des crimes ou délits pour lesquels la loi le prévoit »[2]. Dès lors, si le législateur a jugé opportun de prévoir cette circonstance aggravante, c'est car il considère que l'infraction se développe dans un contexte qui peut mener à la reconnaissance d'une « bande organisée ». Cette circonstance aggravante « suppose la préméditation des infractions et une organisation structurée de leurs auteurs »[3]. Avant toute chose, encore faut-il une pluralité d'auteurs. Or, la pratique illustre un certain monopole – par ailleurs contesté sur le terrain du droit de

---

[1] R. Parizot, La responsabilité pénale à l'épreuve de la criminalité organisée : Le cas symptomatique de l'association de malfaiteurs et du blanchiment en France et en Italie, préfaces G. Giudicelli-Delage et A. Bernardi, LGDJ, coll. « Bibl. sc. crim. », t. 48, 2010, p. 15, n° 16

[2] D. Guérin, JurisClasseur Pénal Code, Fasc. 20 : Circonstances aggravantes définies par le code pénal, 1er novembre 2021

[3] *Ibid.*, §24

la concurrence[1] – dans l'organisation de ces compétitions. La société éditrice du jeu vidéo va elle-même organiser la compétition, seule, afin de garder la main sur ses droits de propriété intellectuelle sur le jeu[2]. On peut cependant y voir là un certain pragmatisme du législateur qui englobe toutes les situations et n'ignore pas que certains éditeurs d'ampleur, parmi lesquels « Ubisoft », se refusent à organiser eux-mêmes les compétitions sur leurs jeux. Le législateur prend note de cette éventuelle organisation conjointe par plusieurs sociétés ou associations - ce qui ressort d'ailleurs de l'article R. 321-40, I, al. 2 qui dispose que « la qualité d'organisateur peut être reconnue à plusieurs entreprises ou associations agissant conjointement ». En théorie, un organisateur de compétitions pourrait donc effectivement s'adjoindre les services de l'éditeur du jeu vidéo pour mettre en place une « structure hiérarchisée et disciplinée qui donne au groupement sa force et sa pérennité »[3]. Cependant, il faudrait ensuite démontrer que cette entente a été établie « en vue de la préparation, caractérisée par un ou plusieurs faits matériels, d'une ou de plusieurs infractions ». Il faudrait donc que les organisateurs de compétitions, s'ils sont plusieurs, ou que l'organisateur et l'éditeur de jeux vidéo se soient mis d'accord *ab initio* sur la réalisation de l'infraction, c'est-à-dire sur l'organisation d'une loterie interdite. En effet, l'infraction n'est pas l'organisation d'une compétition de jeux vidéo en tant que telle - désormais licite -, mais d'une compétition dont les coûts d'organisation sont inférieurs au sacrifice financier des joueurs afin d'entrainer une requalification en « loterie interdite »[4]. Cependant, ces coûts d'organisation sont en pratique bien supérieurs au « prix du *slot* » et l'organisateur devrait, pour inverser la situation, requérir des équipes des sommes astronomiques. Ne pouvant les verser, aucune équipe ne

[1] V.-L. Benabou, « La situation des éditeurs-organisateurs au regard du droit de la concurrence », in *Les enjeux juridiques de l'e-sport*, G. Rabu et M. Reverchon-Billot (dir.), PUAM, 2017, pp. 353 - 369

[2] Communication du groupe de travail sur l'e-sport, *op. cit.*, p. 5

[3] R. Merle, A. Vitu, Traité de droit pénal spécial, Éditions Cujas, Paris 1982, t. 2, n° 2287 ; Cass. crim., 4 novembre 2004, n° 04-81.211 : Dr. Soc. 2005, n° 5, pp. 33-34, note R. Salomon

[4] Cf supra « Le risque pénal d'une rémunération par le sacrifice financier »

participerait à la compétition et il n'y aurait donc pas de compétition. Les organisateurs, eux-mêmes, ne misent pas sur le sacrifice financier des joueurs pour se rémunérer et privilégient des ressources provenant de la publicité[1] ou des droits d'entrée des spectateurs. Il semble que la bande organisée soit une circonstance aggravante difficile à qualifier en la matière. Le choix du législateur peut alors paraître surprenant.

Le flou entourant l'article R. 321-42 du Code de la sécurité intérieure. Cet article est, lui aussi, à l'origine d'un certain malaise. Il dispose que « dans un délai maximum d'un mois après la date de fin d'une compétition de jeux vidéo, l'organisateur déclare par voie électronique au service du ministère de l'intérieur chargé des courses et jeux tout dépassement du taux prévu à l'article R. 321-48 constaté à l'issue de la tenue de cette compétition. ». Ce taux est celui qui permet de requalifier les compétitions de jeux vidéo en loteries interdites par l'article L. 320-6. L'article prévoit donc que l'organisateur d'une loterie interdite dispose d'un délai d'un mois pour avouer son délit. Et ensuite ? Quelles sont les conséquences de cet aveu ? Quelles sont les conséquences si, au contraire, il ne procède pas à cette déclaration ? S'il ne déclare pas *a posteriori* avoir organisé une loterie interdite, l'organisateur ne devrait encourir aucune sanction. En effet, en vertu du second alinéa de l'article 111-3 du Code pénal, « nul ne peut être puni d'une peine qui n'est pas prévue par la loi [...] ou par le règlement ». Or, aucun des articles R. 321-40 et suivants du Code de la sécurité intérieure ne prévoit de sanction. L'organisateur ne peut pas non plus se voir opposer une circonstance aggravante tirée de son inertie dès lors que le législateur n'a pas spécifié une telle circonstance aggravante[2]. *Quid* si l'organisateur se dénonce ? Est-il exonéré de sa responsabilité pénale. Il peut en être douté et cela ne serait pas pertinent. La situation serait la suivante : l'auteur de l'infraction déclare *a priori* l'organisation d'une compétition de jeux vidéo,

---

[1] L. Arcelin, « Droit de la publicité et compétition sportive électronique », in *Les enjeux juridiques de l'e-sport*, G. Rabu et M. Reverchon-Billot (dir.), PUAM, 2017, pp. 549 - 559

[2] Sur la spécialité des circonstances aggravantes : Cf supra « L'inopportunité de la circonstance aggravante de « bande organisée » »

puis déclare *a posteriori* qu'il ne s'agissait pas d'une telle compétition mais d'une loterie en raison du dépassement du taux précité. Il suffirait donc à l'organisateur d'informer l'administration de la commission du délit pour ne plus risquer aucune sanction. Se rapproche-t-on d'un mécanisme de justice négociée ? Non plus… L'article 41-1-2 du Code de procédure pénale limite le champ d'application de la convention judicaire d'intérêt public à certaines infractions, parmi lesquelles ne figure pas l'article R. 321-42 précité. Il ne s'agit pas non plus d'une comparution sur reconnaissance préalable de culpabilité qui ne dirait pas son nom. En effet, celle-ci voit son champ d'application limité aux délits en vertu de l'article 495-7 du Code de procédure pénale. Or, d'une part, à défaut de sanction prévue par le législateur, il ne peut être statué sur la classification de délit ou de contravention de l'infraction. D'autre part, en vertu de l'article 111-2 du Code pénal « Le règlement détermine les contraventions ». L'article R. 321-42 du Code de la sécurité intérieure, issu du décret n° 2017-871, ne peut pas avoir consacré un délit sauf à avoir méconnu le principe de légalité des délits et des peines. S'agissant donc d'une contravention, aucune comparution sur reconnaissance préalable de culpabilité n'est envisageable. Le plus probable serait alors que se cache derrière cette invitation à l'aveu les prémisses d'une composition pénale. Elle est en effet possible dès lors que l'infraction commise est une contravention ou un délit puni d'une peine d'emprisonnement égale ou inférieure à cinq ans. Or, l'organisation d'une loterie interdite est sanctionnée de trois ans d'emprisonnement. Cependant, la recherche de cohérence est, là encore, vaine puisque l'article 41-2 du Code de procédure pénale n'ouvre cette procédure alternative qu'aux personnes physiques. Il n'est cependant pas financièrement possible pour un entrepreneur individuel d'organiser de telles compétitions[1]. Toutefois, le récent article 41-3-1 A, intégré au même code par la loi n° 2019-222 du 23 mars 2019, étend le champ d'application de la composition pénale aux personnes morales « dont le représentant légal […] reconnait sa responsabilité pénale pour les

[1] Cf infra Chapitre 1 - La société commerciale, structure la moins épineuse pour les organisateurs

faits qui lui sont reprochés ». Si lors de la consécration, en 2017, des règles relatives à l'organisation des compétitions, l'article R. 321-42 du Code de la sécurité intérieure semblait dépourvu d'intérêt, l'extension de la composition pénale aux personnes morales en 2019 pourrait avoir apporté un premier éclaircissement sans pour autant permettre de déterminer précisément les conséquences de l'aveu. Puisqu'aucun avantage ne semble pouvoir être tiré d'une déclaration *a posteriori* de l'organisation d'une « loterie interdite », personne ne se risquera à avouer son délit et cette disposition est vouée à rester lettre morte.

L'organisateur de compétitions de jeux vidéo peut donc désormais exercer en toute légalité en France, à condition de respecter les quelques conditions posées. La compétition pouvant être organisée, des équipes de joueurs pourront très logiquement y participer.

Chapitre 2
Le risque d'un contentieux administratif pour les équipes d'*esportifs*

Toujours dans un but de surveillance, l'État français fait peser sur ces équipes quelques obligations. L'une d'elle, la soumission à un agrément (**Section 1**), peut être à l'origine d'un contentieux administratif classique (**Section 2**).

Section 1 - Une modeste soumission à l'agrément

Le champ d'application de la soumission à l'agrément. Tous les clubs d'*esportifs* ne sont pas soumis à l'agrément. En vertu de l'article 102, I de la loi n° 2016-1321 du 7 octobre 2016, l'agrément n'est requis que pour les sociétés ou associations souhaitant employer leurs joueurs. C'est la conclusion d'un contrat de travail entre l'équipe et le joueur qui est à l'origine de la soumission à un agrément.

Le contenu de l'agrément. En vertu de l'article 6 du décret n° 2017-872 du 9 mai 2017 relatif au statut des joueurs professionnels salariés de jeux vidéo compétitifs, cet agrément est délivré par le ministre chargé du numérique pour une durée de trois ans renouvelables. Cette demande de renouvellement est « déposée, au plus tard, trois mois avant le terme de la période d'agrément ». Un formulaire doit être rempli avec les mentions prescrites par l'article 2 de ce décret. Différentes pièces sont à joindre selon que le demandeur de l'agrément est une association (article 4 du décret) ou une société commerciale (article 5 du décret). Il permettra à la société ou association agréée de conclure avec des joueurs de jeux vidéo des contrats de travail à durée déterminée.

Les conditions d'octroi de l'agrément. En vertu de l'article 5 du décret n° 2017-872, « le ministre chargé du numérique accorde l'agrément au regard » de quatre conditions cumulatives. L'objet de l'association ou de la société doit prévoir explicitement la participation aux compétitions de jeux vidéo. Le demandeur de l'agrément doit prouver être « en mesure de fournir des moyens humains, matériels et financiers permettant de satisfaire l'objet pour lequel l'agrément est sollicité ». Il doit avoir « prévu ou mis en œuvre pour ses joueurs professionnels un encadrement et un suivi physiques, psychologiques et professionnels adaptés à leur activité ». Enfin, les dirigeants de l'association ou de la société ne doivent pas avoir « fait l'objet d'une condamnation pénale, ni d'une sanction civile, commerciale ou administrative de nature à leur interdire de gérer, administrer ou diriger une personne morale ou d'exercer une activité commerciale ».

Ces conditions satisfaites, l'agrément devrait être obtenu. Le cas échéant, des recours sont ouverts à celui qui en sollicitait la délivrance.

Section 2 - Le contentieux de l'agrément

Le refus d'octroi de l'agrément. L'article 5 du décret n° 2017-872 est rédigé comme suit : « Le ministre chargé du numérique accorde l'agrément au regard des conditions suivantes ». L'emploi du présent de l'indicatif laisse croire à une obligation pour le ministre. Il ne disposerait alors d'aucune marge d'appréciation. Dès lors que les conditions sont remplies, l'agrément doit être accordé. En réalité, une discussion peut avoir lieu avec le ministre quant au respect de certaines conditions.

La contestation du refus d'octroi de l'agrément. En cas de refus de délivrance de l'agrément, l'équipe *esportive* devra réaffirmer le respect des deux conditions, posées par l'article 5 précité, qui ne laissent place à aucune hésitation. Un recours gracieux suffira à démontrer à l'administration que des éléments lui ont échappé lors de l'étude de la demande d'agrément. L'objet de l'association ou de la société prévoit effectivement la

« participation aux compétitions de jeux vidéo » et ses dirigeants n'ont fait l'objet d'aucune condamnation pénale ou autre sanction « de nature à leur interdire de gérer, administrer ou diriger une personne morale ou d'exercer une activité commerciale ». Puis, s'agissant des deux conditions sujettes à interprétation, il conviendra de convaincre l'administration de leur respect - d'abord dans le cadre d'un recours gracieux, puis dans le cadre d'un recours contentieux. Le club est bien « en mesure de fournir des moyens humains, matériels et financiers permettant de satisfaire l'objet pour lequel l'agrément est sollicité » et a effectivement « prévu ou mis en œuvre pour ses joueurs professionnels un encadrement et un suivi physiques, psychologiques et professionnels adaptés à leur activité ». Pour ce faire, et il ne s'agit là que de propositions, il pourrait être opportun de produire le bilan de la société ainsi que le compte de résultat du dernier exercice. En effet, il ne semble pas envisageable qu'une société obtienne l'agrément dès la première année. Elle aura donc déjà constitué une équipe - par la conclusion de contrats de prestation de service puisqu'avant l'obtention de l'agrément, le CDD *esportif* n'est pas accessible - et pourra démontrer la bonne santé financière de sa société ou association. Pourront également être produites les factures du matériel utilisé par les joueurs afin d'en illustrer la qualité et le confort. Enfin, pourrait être envisagé de demander des attestations aux joueurs - qui sont les mieux placés pour décrire la qualité de l'encadrement et du suivi proposé par l'équipe. Si celle-ci engage un entraineur ou un *manager*, les contrats de travail pourraient également être versés aux débats.

Le retrait de l'agrément. En vertu de l'article 7 du décret n° 2017-872, l'agrément peut être retiré pour cinq raisons. Il le sera si l'association ou la société « emploie, sous le contrat mentionné au III de l'article 102 de la loi n° 2016-1321 du 7 octobre 2016 susvisée[1], des personnes n'entrant pas dans la définition du I du même article ». Il le sera également si le titulaire de l'agrément « ne respecte pas les dispositions de l'article 101 de la loi n°

[1] C'est-à-dire un contrat de travail à durée déterminée : Cf infra « La consécration d'un contrat de travail à durée déterminée »

2016-1321 du 7 octobre 2016 susvisée relatives au travail des mineurs »[1]. S'il « cesse de remplir les conditions ou de respecter les obligations mentionnées aux articles 5 à 7 » du décret n° 2017-872, l'agrément lui sera également retiré. Enfin, s'il « ne respecte pas les dispositions légales relatives à la santé et à la sécurité au travail » ou s'il « exerce des activités autres que celles déclarées dans la demande d'agrément », le titulaire se verra retirer l'agrément.

Le recours gracieux face au retrait de l'agrément. Avant tout recours contentieux, un recours gracieux – ouvert de plein droit à défaut de loi contraire[2] - sera privilégié. L'article 8 du décret n° 2017-872 prévoit d'ailleurs que le ministre chargé du numérique doit informer l'association ou la société, avant le retrait, de son intention. L'article poursuit : « Il accorde alors à l'association ou à la société un délai pour faire valoir ses observations. Ce délai ne peut être inférieur à quinze jours ». Un dialogue doit donc s'instaurer entre l'équipe et l'administration. L'équipe *esportive* a tout à y gagner. Cette tentative de dialogue illustre sa bonne foi et sa volonté de coopérer sans que cela ne lui soit préjudiciable d'un point de vue procédural puisque les recours administratifs – qu'ils soient gracieux ou hiérarchiques – interrompent le délai de deux mois « qui recommencera à courir intégralement à la fin de la cause de prorogation »[3].

Le recours contentieux face au retrait de l'agrément. Tout comme le refus d'octroi, le retrait est un acte administratif unilatéral décisoire[4] susceptible d'être contesté devant le juge

---

[1] Cf infra « L'embauche risquée d'un mineur »

[2] CE, Sect., 10 juillet 1964, *Centre médico-pédagogique de Beaulieu* : D. 1965, J, p. 84, concl. Rigaud

[3] B. Seiller, Droit administratif : Les sources et le juge, Flammarion, coll. « Champs université », 8e éd., 2021, p. 202

[4] *Ibid.*, pp. 186 et s.

administratif[1] par un recours pour excès de pouvoir[2]. S'agissant d'un acte individuel et en vertu de l'article L. 221-8 du Code des relations entre le public et l'administration, le délai de deux mois pour agir commence à courir au jour de la notification de la décision[3]. N'étant pas une décision à caractère règlementaire mais bien une décision individuelle adressée à une personne déterminée, le Conseil d'État ne sera pas compétent en premier ressort par application *a contrario* de l'article R. 311-1 du Code de justice administrative[4]. Quant à la compétence territoriale, l'article R. 312-8 du même code l'attribue au « tribunal administratif du lieu de résidence des personnes faisant l'objet des décisions attaquées à la date desdites décisions ».

La contestation de la soumission à l'agrément. Est-il envisageable de contester le principe même de la soumission à un agrément ? Cela semble difficile. L'article 34 de la Constitution octroie au législateur un monopole de compétence pour garantir les libertés publiques, parmi lesquelles la liberté d'entreprendre. La création d'un régime d'autorisation entrave cette liberté et relève donc de la compétence du législateur. Cependant, si la demande d'agrément doit être formulée au ministre chargé du numérique, c'est bien le législateur qui l'a prévu par la loi « pour une République numérique ». Ne pourra être reproché un empiètement du pouvoir exécutif sur le législatif. Les seuls moyens invocables seraient ceux tirés de l'incompatibilité de la loi avec la directive 2006/123 dite « services » du 12 décembre 2006 qui pose, en son article 9, l'obligation pour le législateur de justifier d'une raison impérieuse d'intérêt général, d'une proportionnalité à l'objectif poursuivi et d'une absence de discrimination.

---

[1] Cons. const., décision n° 86-224 DC, 23 janvier 1987, *Conseil de la concurrence* : RDP 1987, p. 1341, note Gaudemet ; RFDA 1987, p. 287, note Genevois ; GAJA, n° 82

[2] CE Ass., 17 février 1950, *Dame Lamotte* ; RDP 1951, p. 478, concl. Delvolvé, note Waline ; GAJA, n° 56

[3] B. Seiller, *op. cit.*, p. 200

[4] CE, 20 janvier 1989, n° 73.962, Fédération française de karaté-taekwondo et arts martiaux affinitaires : Lebon, p. 954 ; TA Paris, 1er juin 2018, n° 170.9214

Une fois cet agrément obtenu, le club peut engager des joueurs en ayant recours au contrat de travail à durée déterminée de « joueur professionnel salarié de jeu vidéo ». Cependant, il s'agit là seulement de l'une des formes offertes au joueur pour exercer son activité.

Titre 2

La nécessaire vigilance dans le choix de la forme d'exercice de l'activité

Si le salariat est une possibilité pour le joueur, il peut également exercer son activité sous la forme d'une société commerciale ou encore d'un entrepreneur individuel. Il n'est pas le seul à disposer d'un arsenal de possibilités. L'organisateur et le recruteur sont eux aussi confrontés à un choix.

Quelle structure permet au mieux d'éviter les contentieux ? Le recours à certaines formes d'exercice de l'activité peut-il être à l'origine de sources spécifiques de responsabilités ? Quelles sont les conséquences procédurales de ce choix ?

Ce sont ces questions qui serviront de boussole à la présente étude. Seules des considérations contentieuses seront prises en compte pour déterminer la forme la plus opportune. Les développements à venir n'auront pas pour objectif de conseiller une structure comme étant plus adaptée à l'activité ou optimisée sur le plan fiscal. Il s'agira de présenter les risques liés à la forme choisie pour organiser les compétitions (**Chapitre 1**), pour engager des joueurs (**Chapitre 2**) ou pour jouer (**Chapitre 3**).

Chapitre 1
La société commerciale, structure la moins épineuse pour les organisateurs

À l'heure actuelle, la majorité des organisateurs de compétitions sont les sociétés éditrices de jeux vidéo elles-mêmes - ce qui soulève des problématiques de droit de la concurrence[1]. Toujours est-il qu'elles exercent sous la forme de sociétés commerciales. Est-ce pour autant le choix idéal pour éviter les contentieux ?

Il semble que la réponse soit positive. Le choix est limité entre la société ou l'association. Cependant, si cette dernière bénéficie, *a priori*, d'un régime fiscal de faveur (**Section 1**), celui-ci est davantage un hameçon qui piège les – gros – poissons (**Section 2**). C'est dans ces conditions que la société commerciale apparait, peut-être par défaut, comme la structure la moins risquée.

Section 1 - L'intérêt fiscal de façade de l'association

Définition de l'association. En vertu de l'article premier de la loi du 1er juillet 1901 relative au contrat d'association, « l'association est la convention par laquelle deux ou plusieurs personnes mettent en commun, d'une façon permanente, leurs connaissances ou leur activité dans un but autre que de partager des bénéfices. Elle est régie, quant à sa validité, par les principes généraux du droit applicables aux contrats et obligations. ».

La nécessaire déclaration pour l'organisation de compétitions. Le deuxième article de cette loi prévoit que la validité d'une association de personnes n'est pas subordonnée à

---

[1] W. Duhen, « Les éditeurs organisateurs de compétitions » in *Les enjeux juridiques de l'esport*, G. Rabu et M. Reverchon-Billot (dir.), PUAM, coll. « Centre de droit du sport », 2017, pp. 243 - 255

une autorisation ou déclaration préalable. Cependant, elle ne se verra pas octroyer la capacité juridique. Ainsi, tout acte conclu par une association non déclarée est frappé d'une nullité relative pour défaut de capacité du cocontractant en application des articles 1128, 1145 et 1147 du Code civil. Or, il est inconcevable d'organiser une compétition sans conclure tous types de contrats. L'organisateur devra acquérir les droits d'exploitation sur le jeu auquel il sera joué et qui fera l'objet d'une rediffusion sur diverses plateformes, un lieu devra être loué pour accueillir l'évènement, des ordinateurs ou autres consoles de jeux vidéo devront être achetés ou loués, etc… La liste de l'article R. 321-47 du Code de la sécurité intérieure relative au coût d'organisation illustre bien tous les contrats qui doivent être conclus. Pour pouvoir organiser de telles compétitions, l'association doit donc être déclarée au sens de l'article 5 de la loi précitée.

Le recours à la forme associative en Corée du Sud. Dans ce pays *leader* dans le domaine de l'*esport*, c'est bien une association privée agréée par le ministère de la culture, des sports et du tourisme, la « Korean e-Sports Association » (KeSPA) qui, depuis 1999, organise les compétitions. L'association est chargée d'organiser les compétitions, de désigner les équipes et les jeux autorisés ainsi que de gérer les droits de diffusion[1]. C'est également cette association qui fait figure de régulateur et créer les règles relatives à la pratique de *l'esport*. Il sera noté que le cabinet du Ministre délégué chargé de la transition numérique et des télécommunications songe à une structure nationale similaire « qui piloterait et mettrait en œuvre la stratégie nationale e-sport » établie par le gouvernement[2].

L'encadrement stricte d'un régime fiscal de faveur. L'association peut jouir de certains avantages fiscaux, parmi

---

[1] Communication du groupe de travail sur l'e-sport, *op. cit.*, p. 6 ; J. Vallot, « L'exploitation audiovisuelle des compétitions e-sportives », *op. cit.*, p. 568

[2] : A. Defer, "E-sport : à Paris, un Major de « Counter-Strike » symbole d'un engouement politique récent pour le secteur", *op. cit.*

lesquels la non-soumission aux impôts commerciaux tels l'impôt sur les sociétés ou la taxe sur la valeur ajoutée en vertu de l'article 261 du Code général des impôts[1]. En effet, « le législateur utilise largement la possibilité d'exonérer certaines activités de la TVA afin [...] de favoriser certaines activités économiques sociales ou philanthropiques »[2]. Cependant, elle ne profite de ce régime de faveur qu'à condition de respecter certaines règles. À défaut, l'administration fiscale refusera de lui appliquer ce régime et pourra même la redresser si l'association avait bénéficié dudit régime sans pourtant remplir ses conditions d'application. En vertu de l'article L. 169 du Livre des procédures fiscales, le droit de reprise de l'administration peut être exercé jusqu'à la fin de la troisième année suivant celle au titre de laquelle l'impôt sur les sociétés était dû. Il en est de même pour la reprise en matière de taxes sur la valeur ajoutée en vertu de l'article L. 176 du même Livre des procédures fiscales[3]. Il est à noter que ce délai de reprise peut être prorogé en cas de fraude fiscale ou d'activités occultes[4].

Une gestion désintéressée. Ne pourra donc plus bénéficier du régime de faveur et sera soumise à l'impôt sur les sociétés, l'association qui se livre « à une exploitation ou à des opérations de caractère lucratif »[5]. L'association peut exercer une activité lui procurant un bénéfice, elle ne peut simplement octroyer aucun profit, même indirect, aux fondateurs ou aux dirigeants[6] et doit réinvestir les revenus dans son activité principale à but non lucratif[7]. À défaut l'activité ne serait plus désintéressée. La

[1] V. notamment C. Encarnacao, *op. cit.*, pp. 49 et s.
[2] P. Serlooten, O. Debat, Droit fiscal des affaires, Dalloz, coll. « Précis Dalloz », 21e éd., 2023, p. 755, n° 877
[3] BOI-CF-PGR-10-30 du 22 décembre 2020 relatif aux délais de reprise en matière de taxes sur le chiffre d'affaires et taxes assimilées et d'impôts directs locaux
[4] BOI-CF-PGR-10-20 du 3 février 2016 relatif aux délais de reprise en matière d'impôt sur le revenu, d'impôt sur les sociétés et de taxes assimilées
[5] P. Serlooten, O. Debat, *op. cit.*, p. 444, n° 488
[6] CE, 10 avril 1992, n° 77.318, Dr. fisc. 1992, n° 45, comm. 2097, conclu. Ph. Martin ; CAA Nantes, 8 avril 1992, Dr. fisc. 1992, n° 32/37, comm. 1639
[7] CE, 29 septembre 1982, n° 25.078, RJF 1982, n° 11, 510 ; CE, 21 novembre 2007, n° 291.375, RJF 2/08, n° 132

jurisprudence apprécie l'application du régime de faveur de la même manière quel que soit l'impôt concerné, qu'il s'agisse donc de l'impôt sur les sociétés ou de la TVA[1]. S'il s'agit là d'un critère traditionnel de distinction entre l'association et la société[2], en matière d'association sportive les juges du fond ont pu y voir un critère de commercialité[3]. Il semble qu'une association *esportive* puisse tomber dans le même piège[4]. Il faudra donc démontrer que l'association ne distribue pas ses revenus et les réinvestit dans un but non lucratif, ainsi de la formation de futurs joueurs ou la promotion de l'*esport*, secteur culturel.

Le plus grand risque fiscal naît de la seconde condition d'application du régime de faveur. En effet, c'est davantage au visa d'une concurrence du secteur privé que l'association encourt le redressement.

Section 2 - Le risque fiscal du recours à la forme associative

L'absence de concurrence effective avec le secteur privé[5]. À considérer même que la gestion soit désintéressée, l'activité ne doit pas concurrencer les entreprises du même secteur[6]. Dès lors qu'elle réalise des actes payants similaires à ceux réalisés par des entreprises commerciales du même secteur, l'association sera soumise aux mêmes impôts[7]. Un faisceau d'indices est à la

[1] CE, 9e et 8e ss-sect., 13 décembre 1993, n° 115.097, Dr. fisc. 1994, n° 10, comm. 435, concl. F. Loloum

[2] Cass. ch. réunies, 11 mars 1914, *Caisse rurale de Manigod* : D. 1914, 1, p. 257, note Sarrut ; S. 1918, I, p. 103

[3] CA Rennes, 30 mai 1978, RJO, 1979.1.77, note M. Cosnard

[4] Cf infra Section 2 - L'incertitude quant à la qualité de commerçant, critère déterminant du choix

[5] CE, 9e et 10e ss-sect., 13 février 2013, n° 342.953, *Association Groupe de plongée de Carantec*, Dr. fisc. 2013, n° 16, comm. 249, concl. F. Aladjidi, note Th. Lamulle ; RJF 5/2013, n° 472 ; conclu. F. Aladjidi, BDCF 5/13, n° 53

[6] CE, 1er octobre 1999, n° 180.289, *Association « Jeune France »*, RJF 11/99, n° 1354 ; CE, 3 décembre 1999, n° 133.291, RJF 1/2000, n° 35 ; CE, 1er mars 2000, n° 197.584, RJF 4/2000, n° 465

[7] Rép. min. *Godfrain*, n° 1738, 22 août 1988, JO du 17 octobre 1988

disposition du juge pour apprécier la concurrence effectuée par l'association. Elle doit fournir des biens ou services différents de ceux proposés par les autres entreprises du marché[1]. Son activité doit s'adresser principalement à des personnes qui justifient devoir bénéficier d'avantages particuliers au vu de leur situation économique et sociale[2]. L'association doit pratiquer des prix inférieurs à ceux du marché[3]. Enfin, elle ne doit pas effectuer de publicité commerciale[4].

L'association organisatrice de compétitions de jeux vidéo. Il peut être recouru à la forme associative dans l'unique but de frauder le fisc. Dès 1987[5], le législateur modifie la loi n° 84-610 du 16 juillet 1984 relative à l'organisation et à la promotion des activités physiques et sportives pour prendre ce risque en compte. L'article 11 de ladite loi sera alors rédigé ainsi : « Lorsqu'une association sportive affiliée à une fédération sportive […] participe habituellement à l'organisation de manifestations sportives payantes procurant des recettes d'un montant supérieur à un seuil fixé par décret en Conseil d'État […] elle doit […] constituer une société anonyme ». La règle est globalement reprise à l'actuel article L. 122-1 du Code du sport qui dispose que cette association « constitue pour la gestion de ces activités une société commerciale soumise au code de commerce ». L'association *esportive* encourt les mêmes risques. Elle devra démontrer qu'elle ne fournit pas de biens ou services similaires à ceux proposés par des entreprises commerciales. Cela risque d'être compliqué. La société commerciale éditrice d'un jeu vidéo

---

[1] BOI-IS-CHAMP-10-50-10-20 du 7 juin 2017 relatif aux critères généraux d'appréciation de la non-lucrativité des organismes privés autres que les sociétés

[2] CE, 8 novembre 1967, n° 68.994, Dr. fisc. 1967, n° 51, 1289

[3] CAA Nancy, 2e ch., 9 mai 1996, n° 931.165 et 931.166, Dr. fisc. 1996, n° 42, comm. 1250 ; CAA Bordeaux, 4 juillet 1996, n° 941.814, Dr. fisc. 1997, n° 20/21, comm. 573

[4] CAA Paris, 2e ch., 14 décembre 1993, n° 92.924, Dr. fisc. 1994, n° 48, comm. 2025

[5] Certainement à la suite des solutions peu satisfaisantes rendues par les juges du fond. V. not. CA Reims, 19 février 1980, *Groupement du Football professionnel c/ Stade de Reims et autres* : JCP G, 1981. II. 19496, note Y. Guyon ; RTD com., 1981, p. 520, obs. J.-Cl. Dubarry

qui va organiser la compétition autour de son jeu offre bien les mêmes prestations que l'association qui aura acquis une licence d'exploitation des droits. Les deux acteurs vont proposer au public d'assister à une compétition de jeux vidéo. Ce spectacle pourra être suivi en présence physique ainsi qu'à distance. S'agissant du public visé, il est - là encore - le même. Ce sont toutes personnes intéressées par l'*esport* sauf à démontrer, par exemple, que l'association ne donne accès au spectacle qu'à une certaine catégorie de la population, ainsi des personnes en situation de handicap. Quant au prix d'entrée, il pourra être inférieur à celui réalisé par les sociétés commerciales qui organisent de telles compétitions. En effet, celles-ci recherchent un certain rendement et vendent cher les droits d'entrée. Une association qui ne poursuit pas un tel but devrait avoir la capacité de proposer un moindre prix et d'en justifier auprès de l'administration fiscale. Enfin, l'association devra démontrer qu'elle n'a pas effectué de publicité commerciale autour de l'organisation de la compétition.

Ainsi, la principale raison du recours à l'association – qu'est la fiscalité avantageuse - ne semble pas toujours assurée en matière d'organisation de compétitions de jeux vidéo. À défaut d'un réel intérêt pour l'association, forme qui plus est épineuse, c'est bien la société commerciale qui doit être privilégiée. De même, il semble que l'association ne soit pas le meilleur choix pour les clubs *esportifs*.

Chapitre 2
La société commerciale, structure la moins dangereuse pour les clubs

Le biais de cette étude tournée vers le contentieux pousse à s'interroger, là encore, sur la structure la moins sujette à conflits et aux conséquences procédurales du choix effectué quant à la forme d'exercice de l'activité.

Assez logiquement, un tel choix doit être effectué en prenant en considération les activités que se propose de réaliser la structure *esportive*. Quelles sont les missions d'un club d'*esport*, d'une équipe encadrant les joueurs ? La structure recrute les joueurs, les fait participer à des compétitions et, parfois, gère leur carrière. Si le législateur a implicitement exclu la pertinence du critère du recrutement des joueurs (**Section 1**), il ne s'est pas prononcé sur la nature commerciale des associations (**Section 2**) alors que celle-ci a une influence considérable sur le contentieux (**Section 3**).

Section 1 - Le recrutement des joueurs, critère indifférent du choix

La faculté de conclure des contrats de prestation de service. En vertu des articles 1128, 1145 et 1147 du Code civil, la conclusion d'un contrat, quel qu'il soit, est subordonnée à la capacité juridique des protagonistes. En vertu des articles 1842 du Code civil et, spécialement pour les sociétés commerciales, L. 210-6 du Code de commerce, une société acquiert la personnalité morale, lui octroyant la capacité juridique, à compter de son immatriculation. Quant aux associations, elles acquièrent ladite capacité juridique une fois déclarées[1].

La faculté de conclure des contrats de travail. Il en va de même pour la conclusion d'un contrat de travail puisqu'il ne

[1] Cf supra « La nécessaire déclaration pour l'organisation de compétitions »

s'agit finalement que d'un contrat spécial. Pour pouvoir embaucher des salariés, l'association doit être déclarée au sens de l'article 5 de la loi du 1er juillet 1901 relative au contrat d'association. Une fois l'association rendue publique, elle peut « passer des contrats de travail avec employés et salariés, et, en ce cas, elle est soumise à tous égards à la réglementation du travail, à la législation de la Sécurité sociale (notamment déclarations et versements de cotisations), ainsi qu'aux dispositions du code du travail, spécialement en ce qui concerne les congés payés et les licenciements. »[1].

La soumission à un régime légal commun. Si les deux structures peuvent recruter leurs joueurs, comment procéder au choix ? Le législateur, lui-même, traite identiquement les sociétés et les associations quant à la conclusion d'un contrat de travail à durée déterminée. Il n'exclut, par l'article 102 de la loi « pour une République numérique », aucune des deux personnes morales du bénéfice du *CDD esportif*.

À défaut de pouvoir se fonder sur le recrutement des joueurs pour déterminer quelle forme est préférable pour éviter les contentieux, il convient de procéder par analogie avec des secteurs d'activité proches pour trouver un critère déterminant du choix.

Section 2 - L'incertitude quant à la qualité de commerçant, critère déterminant du choix

La question de la qualité de commerçant des associations sportives. Rien ne s'oppose à qualifier une association de commerçant[2] sur le fondement de l'article L. 121-1 du Code de

[1] F. Lemeunier, Associations : Constitution, gestion, évolution, Dalloz, coll. « Encyclopédie Delmas », 12e éd., 2009-2010, p. 93, n° 624

[2] O. Simon, La commercialité de l'association de la loi de 1901 : D. 1977, Chron. 153

commerce[1]. Cet article dispose, en effet, que « sont commerçants ceux qui exercent des actes de commerce et en font leur profession habituelle ». Lequel des actes réputés commerciaux par le Code de commerce pourrait être accompli par une association *esportive* ? Selon certains, les associations *esportives* pourraient être qualifiées de commerçants dès lors qu'elles réalisent, à titre de profession habituelle, l'acte de commerce visé à l'article L. 110-1, 6° du Code de commerce[2]. Bien avant que ce secteur d'activité n'existe, était relevé - au sujet du sport traditionnel - que « l'activité d'un club sportif important fait coexister le sport et l'exploitation commerciale du spectacle auquel il donne lieu »[3].

L'absence de réponse tranchée. Les juges du fond ont déjà eu l'opportunité de se questionner sur l'exploitation commerciale d'un club de football. Si les juges rennois ont pu reconnaître le caractère commercial d'un tel club[4], les juges rémois l'ont refusé dans une espèce pourtant similaire[5]. Les juges se fondaient sur le critère de la répartition des bénéfices alors que celui-ci permet uniquement de requalifier l'association en société de fait. « La solution retenue appelle donc certaines réserves mais illustre à propos la difficulté auquel donne lieu la qualification de ces énormes entreprises que deviennent parfois les clubs sportifs »[6].

La portée limitée de la question. Une autre interprétation – qui sera préférée - de l'article L. 110-1, 6° du Code de commerce permettrait d'en limiter son champ d'application à

---

[1] Cass. com., 17 mars 1981, n° 79-14.117 P : D. 1983. 23, note Plaisant ; Rev. Sociétés 1982. 124, note Sousi

[2] P.-X. Chomiac de Sas, *op. cit.*, p. 83 ; G. Rabu, JurisClasseur Communication, Fasc. 655, *op. cit.*, n° 49

[3] J.-Cl. Dubarry, « Un club de football professionnel relève-t-il de la juridiction commerciale ? », RTD com. 1981, p. 520

[4] CA Rennes, 30 mai 1978, RJO, 1979.1.77, note M. Cosnard

[5] CA Reims, 19 février 1980, *Groupement du Football professionnel c/ Stade de Reims et autres* : JCP G, 1981. II. 19496, note Y. Guyon ; RTD com., 1981, p. 520, obs. J.-Cl. Dubarry

[6] J.-Cl. Dubarry, *op. cit.*, p. 520

l'organisation[1] de spectacles publics et non à la participation à de tels évènements. Ne seraient alors concernés que les clubs qui organisent eux-mêmes des spectacles. Or, en pratique, les équipes *esportives* sont rarement en mesure d'acquérir une licence d'exploitation auprès de l'éditeur du jeu vidéo. C'est donc ce dernier qui organise la compétition et non les clubs *esportifs*[2]. L'étude des arrêts précités confirme cette interprétation de l'article L. 110-1, 6°. Les deux cours d'appel ont justifié la nature commerciale des associations par la distribution de dividendes à laquelle elles s'adonnaient. En réalité, ce critère – qui permet la requalification de l'association en société de fait - ne permet en rien d'apprécier la nature commerciale puisqu'une société civile peut également distribuer des dividendes[3]. En revanche, les juges se sont tout de même intéressés - et auraient dû s'arrêter là pour en tirer les conséquences logiques - à la nature de l'activité des associations litigieuses. Le juge rémois retient « que l'activité déployée par le Stade de Reims ne présente pas le caractère commercial ; que certes il organise, comme toute association sportive de dimension nationale, des compétitions publiques donnant lieu à paiement d'importants droits d'entrée, mais que le fait de « vendre du sport » comme des artisans vendent le produit de leur travail ou comme des associations à but non lucratif vendent parfois de la culture, ne constitue pas en lui-même une opération commerciale ». Le juge rennais, quant à lui, a relevé que le Stade Rennais était une entreprise de spectacle accomplissant des actes de commerce à titre de profession habituelle. Bien que la première solution soit discutable tant les droits d'entrée étaient élevés[4] toujours est-il que les deux cours d'appel se sont prononcées au sujet d'associations qui organisaient les compétitions. Il n'était pas, en l'espèce, question d'une simple participation – même récurrente - qui ne saurait être qualifiée d'acte de commerce contrairement à ce qui a pu être affirmé par les auteurs précités.

---

1 Cass. com., 7 mars 1972, n° 70-10.563 P. ; CA Paris, 3 juillet 1996 : D. Affaires 1996. 1187

2 J. Lopez, « Point de vue d'un organisateur », *op. cit.*, p. 212

3 Y. Guyon, JCP G, 1981. II. 19496

4 E. Alfandari, RTD com. 1979, p. 491

L'exploitation commerciale habituelle de l'image des joueurs. À supposer même que la nature commerciale de l'association ou de la société ne soit pas fondée sur l'article L. 110-1, 6° du Code de commerce, elle risque de l'être sur le fondement d'une exploitation commerciale habituelle de l'image, du nom ou de la voix des joueurs de l'équipe. En effet, l'article L. 222-2-10-1 du Code du sport dispose qu'une « association ou une société sportive mentionnée aux articles L. 122-1 ou L. 122-2[1] peut conclure avec un sportif ou un entraîneur professionnel qu'elle emploie un contrat relatif à l'exploitation commerciale de son image, de son nom ou de sa voix ». Si cette disposition ne prévoit pas la même possibilité pour les clubs *esportifs*, il ne fait aucun doute, en pratique, que les clubs jouissent de l'image de leurs joueurs de la même manière[2]. L'article L. 222-2-10-1 précité vise le cas des joueurs « employés ». Coexistent donc un contrat de travail et un contrat d'exploitation de l'image du joueur. Cette disposition semble transposable à l'équipe *esportive*. Qu'elle emploie le joueur ou qu'elle ait conclu un contrat de prestation de service, une exploitation commerciale habituelle de son image devrait permettre d'établir la nature commerciale de l'association ou de la société.

Les précédents développements soulèvent l'incertitude planant autour de la nature commerciale de l'association véhicule choisi par le club pour exercer son activité. Ce flou n'est pas satisfaisant et pourrait même avoir des conséquences procédurales pour le moins fâcheuse.

---

[1] C'est-à-dire « qui emploie des sportifs dont le montant total des rémunérations excède un chiffre fixé par décret en Conseil d'État » et qui a dû constituer « pour la gestion de ces activités une société commerciale soumise au code de commerce »

[2] Ph. Mouron, « La patrimonialisation de l'identité des joueurs de sport électronique », in *Les enjeux juridiques de l'e-sport*, G. Rabu et M. Reverchon-Billot (dir.), PUAM, coll. « Centre de droit du sport », 2017, pp. 121 - 150

Section 3 - Les risques contentieux d'une nature commerciale hasardeuse

La validité des clauses attributives de juridiction. En prévision d'éventuels conflits, des clauses de règlement des différends sont intégrées aux contrats conclus. Cependant, en vertu de l'article 48 du Code de procédure civile, « toute clause qui, directement ou indirectement, déroge aux règles de compétence territoriale est réputée non écrite » si elle n'a pas « été convenue entre des personnes ayant toutes contracté en qualité de commerçant ». Une association qui se croit de nature civile n'aura pas conclu une telle clause la pensant vouée à l'échec. Si elle s'avère finalement commerciale, elle aura manqué au bénéfice d'une telle clause. L'inverse serait encore plus attentatoire à la sécurité des relations juridiques. Ainsi du cocontractant qui consent à une clause attributive de juridiction mais ne peut s'en prévaloir utilement car l'association qui se présentait comme commerçante, argue désormais de sa nature civile pour invalider la clause. Le cocontractant pourrait tenter de soutenir que l'association se prévaut de sa propre turpitude ou fait preuve de mauvaise foi dans la conclusion puis l'exécution du contrat afin de donner effet à la clause malgré la prétendue nature civile de l'association.

Le risque d'une incompétence. S'agissant de la compétence d'attribution, le doute quant à la nature commerciale de la société peut être à l'origine de déceptions. Si l'association est civile, le tribunal judiciaire sera normalement compétent[1]. Si elle présente un caractère commercial, le tribunal de commerce le sera[2]. Avant tout contentieux, il faut s'assurer de la nature de sa structure au risque d'être confronté à une incompétence du tribunal saisi en vertu des articles 75 et suivants du Code de procédure civile. Il n'y a aucun doute pour les sociétés à responsabilité limitée et les

---

[1] CA Reims, 19 février 1980, *Groupement du Football professionnel c/ Stade de Reims et autres*, précité

[2] CA Rennes, 30 mai 1978 : RTD com. 1979, 490, note Alfandari ; Cass. com., 8 juillet 1969 : JCP 1970. II, 16155 bis ; RTD com. 1970, 349, note Jauffret

sociétés par actions. Le second alinéa de l'article L. 210-1 du Code de commerce leur attribue une commercialité par la forme qui détermine la compétence des tribunaux de commerce en vertu de l'article L. 721-3 du même code. En revanche, pour les associations, les développements précédents ont pu mettre l'accent sur les incertitudes entourant leur nature. Si la question n'est pas tranchée pour les associations sportives, plus établies que les associations *esportives*, un flou encore plus important peut être craint pour ces dernières. Pour éviter toute exception de procédure, le choix de la société commerciale sera préféré. Si cette incompétence peut apparaître comme un simple désagrément, les risques fiscaux sauront convaincre davantage.

Les conséquences fiscales de la nature commerciale. Si les craintes soulevées par Me Chomiac de Sas[1] et Monsieur Rabu[2] étaient avérées et que la jurisprudence reconnaissait la nature commerciale d'une association *esportive* pour la seule participation habituelle à des compétitions, alors celle-ci risquerait d'être confrontée à un contentieux fiscal. La difficulté est identique à celle précédemment soulevée pour les organisateurs de compétitions ayant choisi la forme associative[3]. Si l'association bénéficiait du régime de faveur alors qu'elle exerçait une activité commerciale, l'administration pourrait la redresser sur les trois derniers exercices.

De plus, « le statut de bénévole pour les joueurs empêche tout contrôle effectif de ces derniers notamment en cas de départ pour un club concurrent » [4]. Les associations doivent donc être attentives quant à l'utilisation de ce statut par les joueurs. En revanche, lorsque le club exerce sous la forme d'une société, cette difficulté n'existe pas, à défaut de statut de « bénévole ». Que la personne morale soit une association ou une société, elle doit s'assurer de la présence de ses joueurs aux prochaines

---

[1] P.-X. Chomiac de Sas, *op. cit.*, p. 83
[2] G. Rabu, JurisClasseur Communication, Fasc. 655, *op. cit.*, n° 49
[3] Cf supra Section 2 - Le risque fiscal du recours à la forme associative
[4] P.-X. Chomiac de Sas, *op. cit.*, p. 81

compétitions, notamment en les soumettant à un état de subordination propre au contrat de travail ou à une clause d'exclusivité[1].

[1] Cf infra « Le cas particulier de la clause d'exclusivité »

Chapitre 3
Le doute relatif à la structure privilégiée par les joueurs

Les joueurs fournissent leurs compétences, une certaine maîtrise du jeu et doivent être rémunérés pour cela. Jusqu'en 2016 la question n'était, en pratique, jamais soulevée tant seul le recours au contrat de prestation de service était envisagé.

Cependant, depuis la consécration par la loi « pour une République numérique » du CDD *esportif*, les joueurs doivent s'interroger sur le mode d'exercice le moins risqué. Le salariat est-il devenu inévitable (**Section 1**) ou le contrat de prestation de service (**Section 2**) reste-t-il moins sujet à contentieux ?

Section 1 - La voie récente du salariat

Si la consécration d'un contrat de travail était suffisamment demandée pour que le législateur s'y plie (**§1**), celui-ci semble avoir procédé à la hâte (**§2**).

§1 – La réponse législative à l'inopportunité du contrat de travail à durée indéterminée

La résurgence des problématiques liées au sport. S'il a fallu adapter le droit du travail à la situation particulière des sportifs[1], il faut désormais s'intéresser au cas des *esportifs*. En effet, les questions qui se posaient, jadis, pour le sport classique se sont posées, ensuite, pour le sport virtuel. Les remarques

[1] Voir not. G. Singer, Le contrat de travail du sportif professionnel : contribution à l'adaptation du droit du travail aux spécificités du sport professionnel, thèse, Université Toulouse 1, L. Casaux (dir.), 2016 ; G. Rabu, « Le nouveau contrat de travail des sportifs et entraîneurs professionnels », RDT 2016, p. 32

soulevées alors peuvent être réitérées au sujet de l'*esport* cette fois : « la conclusion de contrats de travail à durée indéterminée ou la répétitive requalification des contrats de travail à durée déterminée en contrats à durée indéterminée constituerait une atteinte à la survie du système sportif compétitif en précarisant par application des règles relatives au licenciement et à la démission, le lien contractuel unissant les sportifs (joueurs et entraîneurs) aux clubs employeurs »[1].

L'inopportunité du contrat de travail à durée indéterminée. Aucune société ou association ne peut se permettre de conclure avec le joueur un contrat de travail à durée indéterminée. « Le CDI ne permet pas de tenir compte de la pratique *esportive* qui à l'instar de la pratique sportive nécessite de pouvoir changer de club/de joueurs au fil des saisons, des performances et des opportunités de carrière »[2]. En effet, le joueur est généralement spécialisé dans un seul jeu, comme un sportif dans un seul sport. Cependant, alors qu'il est presque certain que la natation restera au programme des jeux olympiques encore longtemps, les jeux vidéo faisant l'objet de compétitions peuvent varier d'une année sur l'autre[3]. Ainsi du jeu « *Overwatch* » qui fut roi pendant la période d'essor de l'*esport* mais qui est aujourd'hui beaucoup moins présent sur la scène. Cela s'explique par une perte d'intérêt des spectateurs pour ce jeu, depuis lors remplacé par d'autres tels « *Fortnite* » ou « *Valorant* ».

La consécration d'un contrat de travail à durée déterminée[4]. À défaut de conclure un contrat à durée indéterminée, la seule contractualisation possible de la relation entre le joueur et son équipe était le contrat de prestation de service. En effet, le recours au contrat à durée déterminée n'est possible que lorsque le législateur le prévoit, c'est-à-dire dans les

---

[1] Rapport sur le statut des sportifs, J.-P. Karaquillo (dir.), 18 février 2015

[2] P.-X. Chomiac de Sas, *op. cit.*, p. 92

[3] Communication du groupe de travail sur l'e-sport, *op. cit.*, p. 3

[4] P.-E. Bastard, « E-sport et droit du travail : quel statut pour le joueur professionnel de jeux vidéo compétitifs ? », Gaz. Pal. 2018, n° 30, p. 12

cas limitativement énumérés par les articles L. 1242-2 et L. 1242-3 du Code du travail. Il faudra attendre la loi n° 2016-1321 pour qu'un CDD spécifique à l'emploi de joueurs compétitifs de jeux vidéo ne voit le jour. La durée de celui-ci est en principe de douze mois et peut atteindre un maximum de cinq ans renouvelables sans limite. Trois dérogations sont prévues, par l'article 9 du décret 2017-872, pour permettre la conclusion d'un contrat d'une durée inférieure à 12 mois. Ce contrat est une reprise[1] du contrat de travail à durée déterminée du sportif, issu de la loi n° 2015-1541 du 27 novembre 2015, régi par les articles L. 222-2-3 à L. 222-2-9 du Code du sport. Quelques dispositions du Code du travail ne sont pas applicables en vertu de l'article 102, II de la loi « pour une République numérique ». En revanche, le contrat reste soumis aux dispositions relatives à la santé et à la sécurité au travail et notamment à l'article L. 4121-1 du Code du travail imposant à l'employeur de prendre certaines mesures pour s'assurer desdites santé et sécurité au travail. La clause de rupture unilatérale pure et simple est, quant à elle, interdite par l'article 102, VI de ladite loi.

L'embauche risquée d'un mineur. L'ancien joueur professionnel Florian « Ketzon » Besson a pu affirmer qu'à vingt ans, il était « déjà trop vieux »[2] pour participer aux compétitions du jeu vidéo « *Fortnite* » et devait se résigner à être l'entraîneur de la nouvelle équipe « Gentle Mates »[3]. Les *esportifs* spécialisés dans ce jeu sont très jeunes, voire mineurs. En vertu de l'article L. 4153-1 du Code du travail, le principe reste celui d'une interdiction du travail des mineurs de seize ans. Cependant, des exceptions sont prévues et, en vertu de l'article L. 4153-3 du même code, les mineurs de plus de quatorze ans peuvent, pendant leurs vacances scolaires, « exercer des travaux adaptés à leur âge, à condition de leur assurer un repos effectif d'une durée au moins

---

[1] G. Rabu, Recours et formation du CDD spécifique, in *Encyclopédie Droitdusport.com*, étude 243, sept. 2019

[2] F. Besson, "Soirée de lancement de Gentle Mates - Rediffusion Squeezie du 14/04", 15 avril 2023, https://www.youtube.com/watch?v=USR0V23M9tA, à la 326e minute de la vidéo (consulté le 4 mai 2023)

[3] Cf supra « Un phénomène attractif »

égale à la moitié de chaque période de congés ». De plus, le club devra s'assurer d'obtenir l'autorisation des représentants légaux pour que le mineur puisse participer à la compétition en vertu de l'article L. 321-10 du Code de la sécurité intérieure. Sous peine d'engager sa responsabilité pénale, le club devra également obtenir une autorisation administrative préalable, en vertu de l'article L. 7124-22 du Code du travail, et l'avis favorable du mineur lui-même, en vertu cette fois de l'article L. 7124-23 du même code. Enfin, en vertu de l'article 7, 2° du décret n° 2017-872, l'agrément pourra être retiré à celui qui ne respecte pas les règles relatives au travail des mineurs. S'il est envisageable de recruter un adolescent, pèsera sur l'employeur une multitude de règles protectrices, parmi lesquelles celles des articles L. 7124-1 à L. 7124-35 du Code du travail, dont le manquement pourra lui être reproché, notamment sur le plan pénal[1].

L'insuffisance du contrat de travail à durée déterminée. Si cette consécration du CDD *esportif*, demandée par certains[2], a pu être appréciée[3], elle n'a pas pour autant fait l'unanimité. « Force est de constater que ni le CDI ni le CDD ne sont des outils adaptés, en raison de la durée moyenne des carrières, des saisons de compétition qui durent moins d'un an, des volontés des joueurs de pouvoir facilement évoluer entre les pays et entre les clubs et, enfin, en raison de leur coût pour l'employeur. Peu d'équipes ont, en effet, les reins assez solides pour recruter leurs joueurs sur des contrats traditionnels ; en outre, les joueurs eux-mêmes n'y trouvent souvent pas leur intérêt. »[4]. Les mots sont durs et condamnent tant le CDI que le CDD. Le député appelle à « rechercher des solutions pour que la France reste attractive »

---

[1] V. également l'article L. 8224-2 du Code du travail qui consacre le délit d'emploi dissimulé d'un mineur

[2] B. Valette, « La loi pour une République numérique, histoire d'une loi consacrant l'e-sport », in *Les enjeux juridiques de l'e-sport*, G. Rabu et M. Reverchon-Billot (dir.), PUAM, coll. « Centre de droit du sport », 2017, pp. 81 - 94, spéc. p. 84 qui évoque une « méthode consultative inédite au service de la démocratie participative »

[3] C. Encarnacao, *op. cit.*, p. 23

[4] Communication du groupe de travail sur l'e-sport, *op. cit.*, p. 4

face aux solutions d'embauche plus flexibles proposées par les autres pays[1].

Les pistes de réflexions. Aux États-Unis ou encore en Corée du Sud, les joueurs compétitifs de jeux vidéo peuvent être salariés ou indépendants. Le recours aux contrats de travail soulève également des difficultés à l'étranger mais sans commune mesure avec les difficultés françaises. Cette différence de situation tient à la teneur même du droit du travail. En France, il se veut bien plus protecteur qu'il ne peut l'être aux États-Unis ou en Corée du Sud. Pour que les joueurs français soient traités de façon identique, il faudrait certes les soumettre à un CDD ou CDI mais limiter l'application du droit du travail français à celui-ci. Pourrait également être envisagée la création d'un régime spécial, au sein de la septième partie du Code du travail, similaire à ceux du « Titre II : Professions du spectacle, de l'audiovisuel, de la publicité et de la mode ». Ce statut serait partiellement soumis au droit du travail, permettant de faire disparaître du régime toutes les obligations de ce droit qui s'avèreraient incompatibles avec la pratique compétitive du jeu vidéo[2].

Outre le questionnement relatif à l'adaptation du CDD à la pratique professionnelle du jeu vidéo, le régime même de ce contrat de travail doit faire l'objet de quelques remarques.

§2 – Le régime confus du contrat de travail à durée déterminée

Le champ d'application du CDD *esportif*. L'article 102, I de la loi « pour une République numérique » dispose que « le joueur professionnel salarié de jeu vidéo compétitif est défini comme toute personne ayant pour activité rémunérée la

---

[1] *Ibid.*, p. 4

[2] Th. Pasquier, « Le statut social du joueur de jeu vidéo compétitif », in *Les enjeux juridiques de l'e-sport*, G. Rabu et M. Reverchon-Billot (dir.), PUAM, coll. « Centre de droit du sport », 2017, p. 162

participation à des compétitions de jeu vidéo dans un lien de subordination juridique avec une association ou une société bénéficiant d'un agrément du ministre chargé du numérique, précisé par voie réglementaire ». Cette disposition « ne fixe qu'un champ d'application, celui du régime dérogatoire du CDD e-sportif, mais pas celui du contrat de travail dans son ensemble »[1].

Le recours obligatoire au contrat de travail. En vertu de l'article 102, III de la loi précitée, « tout contrat par lequel une association ou une société bénéficiant de l'agrément prévu au I du présent article s'assure, moyennant rémunération, le concours d'un joueur mentionné au même I est un contrat de travail à durée déterminée ». En disposant que « tout contrat [...] est un contrat de travail », le législateur empêche le recours au contrat de prestation de service pour contractualiser la relation entre le « joueur mentionné » au I de cet article, c'est-à-dire le « joueur professionnel salarié », et l'association ou société agréée. Pour elles, le recours au contrat de travail est obligatoire et la conclusion d'un contrat de prestation de service est sanctionné par le retrait de l'agrément en vertu de l'article 7, 1° du décret n° 2017-872[2]. En revanche, pour toute association non agréée, il demeure possible de conclure un contrat de prestation de service.

La perte d'intérêt pour l'agrément. Pourquoi requérir l'agrément ? Car seules les personnes morales agréées peuvent conclure un CDD *esportif*. Cependant, demander l'octroi d'un agrément revient à faire peser sur l'association ou la société non pas une faculté mais une réelle obligation de recourir au contrat de travail à durée déterminée pourtant coûteux et inadapté[3]. Les sociétés ou associations ne devraient pas demander l'octroi de l'agrément afin de ne pas être tenues de recourir au contrat de travail.

---

[1] *Ibid.*, p. 160

[2] Cf supra « Le retrait de l'agrément »

[3] Cf supra « L'insuffisance du contrat de travail à durée déterminée »

Le recours obligatoire au contrat de travail à durée déterminée. Le législateur apporte une seconde précision qui mérite d'être davantage soulignée. « Tout contrat [...] est [...] à durée déterminée ». Le recours au CDI n'est donc pas possible pour le joueur professionnel salarié[1]. Si cela correspond à la pratique qui se refusait déjà d'embaucher à durée indéterminée, il est intéressant de noter qu'un tel contrat est désormais expressément écarté par le législateur, qui reprend ici la formulation de l'article L. 222-2-3 du Code du sport. Cette situation est fortement critiquable. Si le club a les moyens de recourir au contrat de travail à durée indéterminée, pourquoi l'en priver ? Cette situation est bien plus confortable pour le joueur qui profite d'un emploi stable[2]. Ce choix est d'autant plus contestable que le législateur permet le renouvellement illimité de ce contrat et n'impose aucun délai de carence entre la conclusion de deux CDD successifs.

Le risque de requalification en contrat de travail à durée indéterminée. Le législateur reprend également les sanctions prévues par l'article L. 222-2-8 du Code du sport. Ainsi, pour assurer le respect des règles posées à l'article 102, III, le législateur prévoit les sanctions de la méconnaissance de celles-ci au VII du même article. « Est réputé à durée indéterminée tout contrat conclu en méconnaissance des règles de fond et de forme prévues aux II à V du présent article ». La sanction pour l'employeur qui conclut un CDI au lieu d'un CDD est... la requalification en CDI ! Cette réponse du législateur peut paraître surprenante puisqu'elle revient à donner effet au comportement pourtant réprimé. En réalité, cette sanction de la requalification en CDI est commune à la méconnaissance des règles prévues aux II à V de l'article 102. Si la requalification ne semble pas avoir d'intérêt pour sanctionner la méconnaissance du III de l'article, elle est en revanche très efficace pour sanctionner la méconnaissance des autres alinéas de cet article.

---

[1] T. Pasquier, « Le statut social du joueur de jeu vidéo compétitif. Le droit du travail à l'épreuve de la normalisation des contrats de travail spéciaux », *op. cit.*, p. 162

[2] *Ibid.*, p. 162

Les sanctions pénales de la méconnaissance des règles posées par l'article 102. De plus, la requalification n'est pas la seule sanction. « Le fait de méconnaître les règles de fond et de forme prévues aux III, IV et au premier alinéa du V est puni d'une amende de 3 750 €. En cas de récidive, la peine est portée à six mois d'emprisonnement et 7 500 € d'amende. ».

Le flou dans la détermination de l'imputabilité. Qui est pénalement responsable et se voit infliger de telles peines ? L'article 102 précité ne le prévoit pas expressément. Il convient donc, pour répondre à cette question, de s'intéresser aux obligations dont la méconnaissance est sanctionnée par la peine privative de liberté. L'article 102, III prévoit l'obligation de conclure un contrat de travail à durée déterminée. L'article 102, IV prévoit les durées minimale et maximale du contrat. Le premier alinéa de l'article 102, V prévoit un formalisme particulier – exigence d'un écrit, nombre imposé d'*instrumenta* et mentions obligatoires. C'est logiquement celui qui est soumis à ces obligations qui engagera sa responsabilité pénale en cas de manquement. Une approche civiliste traditionnelle de cet article ne permet pas de distinguer entre les cocontractants. En 1804, le contrat est l'acte de volonté d'au moins deux personnes placées sur un pied d'égalité. Dès lors, les deux cocontractants sont potentiellement responsables. Cependant, le droit civil positif - imprégné d'une vision consumériste[1] - reconnait de plus en plus l'existence d'un déséquilibre entre les parties, comme l'illustrent les articles 1143 ou 1171 du Code civil. De plus, il ne s'agit pas de la conclusion de n'importe quel contrat mais bien d'un contrat soumis au droit du travail. Or, ce pan du droit reconnait sans nul doute un rapport d'inégalité entre l'employeur et le salarié. Il semblerait donc logique que seul l'employeur – véritable rédacteur du contrat – engage sa responsabilité. Une fois cette difficulté réglée, une autre apparaît. Qui est l'employeur responsable ? L'article 102 impose le recours au CDD *esportif* à des associations ou sociétés. Ces personnes morales sont les employeurs « de droit » et engagent inévitablement leur

---

[1] S. Chaudouet, Le déséquilibre significatif, préface N. Ferrier, LGDJ, coll. « Bibl. dr. privé », pp. 4-5, n° 5

responsabilité. Pourquoi alors prévoir une peine d'emprisonnement pour ces personnes sans chair ni os ? Car elles ne sont pas les cibles directes de l'incrimination. Elles n'agissent que par le biais de leurs représentants légaux. Or, un cumul des responsabilités est permis par le troisième alinéa de l'article 121-2 du Code pénal[1]. Le dirigeant d'une société ou association sera, lui-aussi, pénalement responsable. « En sa qualité de chef d'entreprise, il répond des infractions à la réglementation générale des entreprises (droit du travail, droit de l'environnement, Code de la route, droit de la consommation…). »[2]. Toutefois, le dirigeant pourra s'exonérer en prouvant avoir « délégué ses pouvoirs à une personne pourvue de la compétence, de l'autorité et des moyens nécessaires » [3]. Cette solution classique[4] devrait pouvoir être mobilisée par le dirigeant ayant délégué à un juriste ou directeur des ressources humaines les pouvoirs pour conclure un CDI ou un CDD *esportif* en méconnaissance des règles posées par l'article 102 de la loi « pour une République numérique ».

Dans l'attente d'un outil plus adapté que le CDD *esportifs*, les clubs continuent de conclure des contrats de prestation de service avec leurs joueurs.

Section 2 - La conclusion classique de contrats de prestation de service

Afin de conclure un contrat de prestation de service, le joueur doit d'abord choisir un mode d'exercice de son activité (**§1**) et s'assurer de son indépendance pour ne pas voir son contrat requalifié en contrat de travail (**§2**).

---

[1] Cass. crim., 1er mars 2016, n° 14-86.601 : JCP S, n° 22, F. Duquesne, p. 41
[2] M. Cozian, A. Viandier, Fl. Deboissy, Droit des sociétés, LexisNexis, coll. « Manuel », 35e éd., 2022, p. 190, n°462
[3] *Ibid.*, p. 190, n°466
[4] V. not. Cass. crim., 2 février 1993, n° 92-80.672 : RJDA 12/1993, n° 1036 ; Cass. crim., 12 avril 2005, n° 04-83.101 : Bull. crim. n° 129 ; Dr. pén. 2005, comm. 95, note J.-H. Robert ; RJS 11/2005

§1 – Les conséquences contentieuses d'un choix restreint

Le choix limité du mode d'exercice. Avant la consécration du CDD *esportif*, le député Masséglia affirmait : « Les solutions actuellement utilisées par les employeurs du secteur e-sport existent, mais elles ne sont pas durables, pour plusieurs raisons. Certaines équipes recourent à la solution de la prestation de service : le joueur est considéré comme un consultant. D'autres l'encouragent à se constituer en autoentrepreneur, ce qui a également le mérite de la flexibilité et de l'économie de moyens financiers pour les deux parties. »[1]. On peut désormais intégrer au choix le régime du nouvel entrepreneur individuel et la constitution, déjà envisageable à l'époque mais non mentionnée par le député, d'une société.

L'auto-entrepreneuriat, un régime accessible. Les principaux contentieux pouvant naître de ce statut sont de natures fiscale et sociale. Par application des articles 50-0 et 293 B du Code général des impôts, le statut d'auto-entrepreneur ne s'applique que lorsque le chiffre d'affaires annuel du joueur de jeux vidéo ne dépasse pas les seuils du régime fiscal de la micro-entreprise. Pour les revenus générés en 2022, le joueur ne bénéficiera du statut d'auto-entrepreneur que si son chiffre d'affaires n'a pas dépassé les 72 600€. Pour l'année 2023, les revenus dégagés ne doivent pas porter le chiffre d'affaires annuel au-delà de 77 700€. Actuellement, nombreux sont les joueurs insuffisamment payés par les clubs pour dépasser ce seuil et encourir un quelconque contentieux ou redressement.

La constitution d'une société. En revanche, pour les plus grosses têtes d'affiche, parmi lesquelles le joueur Corentin « Gotaga » Houssein, le statut d'autoentrepreneur n'est plus accessible. Il convient donc de constituer une société, notamment unipersonnelle. En cas d'évolution positive de l'activité, l'EURL et la SASU pourront devenir respectivement SARL et SAS sans que cela ne constitue un changement de forme sociale et ne

---

[1] Communication du groupe de travail sur l'e-sport, *op. cit.*, p. 4

nécessite de formalités particulières. Ces formes sociales ont le mérite de la clarté. En effet, commerciales par leur forme en vertu de l'article L. 210-1 du Code de commerce, les questions de compétence des tribunaux et de validité d'une clause attributive de juridiction sont plus aisément traitées[1].

Le nouveau régime de l'entrepreneur individuel. « Si l'on se place sur le terrain de la technique juridique, la loi du 14 février 2022 donne le sentiment de n'avoir pas été suffisamment réfléchie, d'avoir été écrite et rédigée à la hâte, alors qu'elle remet en cause un principe important de notre droit. Il en résulte de nombreuses incertitudes et ambiguïtés qui seront nécessairement des sources de difficultés »[2]. Le nouveau régime de l'entrepreneur individuel est source de contentieux, surtout autour de la notion de biens « utiles » à l'activité professionnelle. Ces biens composent le patrimoine professionnel de l'entrepreneur. *Quid* d'un bien mixte, utile à l'activité mais également utilisé à des fins personnelles ? Il composera le droit de gage des créanciers professionnels. Le joueur devrait donc disposer de deux ordinateurs, l'un pour s'entraîner, l'autre pour se divertir et communiquer[3]. Il est à noter que la preuve de l'inutilité - preuve d'un fait négatif – incombe à l'entrepreneur individuel, c'est-à-dire au joueur. Cette frontière floue entre le personnel et le professionnel est source de contentieux. Il convient donc de contourner la séparation automatique de son patrimoine en constituant une société.

Des conséquences contentieuses communes. Toutes ces formes ont l'indépendance pour point commun. De celle-ci

---

[1] Cf supra Section 3 - Les risques contentieux d'une nature commerciale hasardeuse

[2] S. Piédelièvre, « Premières remarques sur la loi du 14 février 2022 en faveur de l'activité indépendante », JCP N, n° 9, 4 mars 2022, act. 301

[3] À supposer même qu'il n'utilise qu'un seul ordinateur et que celui-ci entre dans le patrimoine professionnel, le joueur ne pourrait-il pas s'opposer à toute mesure d'exécution forcée en invoquant l'insaisissabilité des « instruments de travail nécessaires à l'exercice personnel de l'activité professionnelle » au visa de l'article R. 112-2, 16° du Code des procédures civiles d'exécution ?

résulte le défaut de protection par le droit du travail. Cette protection est composée de deux volets. S'agissant du volet substantiel, le droit du travail prévoit à la charge de l'employeur un certain nombre d'obligations pour garantir la santé et la sécurité des employés. Elles sont d'ailleurs suffisamment nombreuses pour composer la quatrième partie du Code du travail, des articles L. 4111-1 à L. 4831-1. Cependant, si « le contrat est qualifié, par exemple, de « contrat de prestation de service », de « contrat d'entreprise », ou de quelque autre contrat spécial, le travailleur sera dit indépendant et privé de toutes les protections du droit du travail. Il sera alors parfaitement licite de le faire travailler pour un salaire symbolique, plus de vingt heures par jour. »[1]. À ce volet substantiel s'ajoute un volet procédural. Quant à la compétence matérielle, elle est attribuée au conseil de prud'hommes en vertu de l'article L. 1411-1 du Code du travail. Quant à la compétence territoriale, l'article R. 1412-1 du même code offre des options au salarié demandeur. Ce traitement de faveur pour le salarié, partie faible de la relation, est d'ailleurs retranscrit au niveau européen. Les articles 20 et suivants du règlement n° 1215/2012 dit « Bruxelles I bis » concernant la compétence judiciaire illustrent une certaine bienveillance procédurale à l'égard du salarié et dont ne jouit pas le travailleur indépendant. Celui-ci reste soumis aux articles 42 et suivants du Code de procédure civile. Spécialement, l'article 46 de ce code lui offre l'option de saisir, outre la juridiction du lieu du domicile du défendeur, « la juridiction du lieu de […] l'exécution de la prestation de service ».

Le député Masséglia soulevait que le recours aux contrats de prestation de service était dangereux. « Les risques sont importants. Ils sont d'abord juridiques : l'employeur s'expose à un contentieux prud'homal pouvant entrainer des requalifications de contrats de travail particulièrement coûteuses »[2].

---

[1] G. Auzero, D. Baugard, E. Dockès, Droit du travail, Dalloz, coll. « Précis Dalloz », 36e éd., 2023, p. 279, n° 196

[2] Communication du groupe de travail sur l'e-sport, *op. cit.*, p. 4

§2 – Le risque de requalification du contrat de prestation de service

Le pouvoir de requalification du juge. Une relation de travail peut exister « nonobstant la dénomination et la qualification données au contrat litigieux »[1] par les parties. Elle dépend des conditions de fait dans lesquelles est exercée l'activité des travailleurs[2]. Cette solution jurisprudentielle ne fait que rappeler l'indépendance du juge judiciaire face à la qualification proposée par les parties en vertu de l'article 12 du Code de procédure civile.

Les *essentialia*[3] du contrat de travail. Les différentes espèces de contrats spéciaux se distinguent entre elles par leurs qualités « essentielles ». Un contrat qui regroupe l'ensemble des *essentialia* du contrat de travail ne peut être qualifié autrement. Quelles sont, alors, les qualités essentielles du contrat de travail ? « Le contrat de travail peut se définir comme le contrat par lequel une personne physique (le salarié) s'engage à exécuter un travail sous la subordination d'une personne physique ou morale (l'employeur), en échange d'une rémunération. »[4]. D'autres définitions[5] ont pu être proposées mais toutes retiennent trois éléments centraux : une rémunération en contrepartie d'une prestation effectuée dans un état de subordination.

---

[1] Cass. soc., 19 décembre 2000, *Labbanne*, n° 98-40.572 P : Dr. soc. 2001. 227, note A. Jeammaud ; Dr. ouvrier 2001. 241, note A. de Senga

[2] Cass. ass. Plén., 4 mars 1983, n° 81-11.647 et n° 81-15.290 : Bull. ass plén., n° 3 ; D. 1983, p. 381, concl. de J. Cabannes ; D. 1984. IR 184, obs. J.-M. Béraud

[3] Selon l'expression de Pothier : R.-J. Pothier, Œuvres complètes de Pothier, t. I, Traité des obligations éd. Thomine et Fortic, 1821, pp. 10 et s., n° 6

[4] G. Auzero, D. Baugard, E. Dockès, *op. cit.*, p. 281, n° 198

[5] V. not. E. Dockès, « Notion de contrat de travail », Dr. soc. 2011. 546 ; C. Radé, « Des critères du contrat de travail. Protéger qui exactement ? Le Tentateur ? Le sportif amateur ? Le travailleur ? », Dr. soc. 2013. 202

La fourniture d'une prestation de travail. « La prestation de travail que le salarié s'engage à fournir peut revêtir les formes les plus diverses : être manuelle, intellectuelle, artistique, sportive. »[1]. Jusqu'en 2016, la pratique compétitive des jeux vidéo pouvait soulever quelques difficultés quant à la caractérisation de la condition tenant à l'existence d'une prestation de travail. En effet, relève-t-on du sport ? de l'art ? d'une prestation intellectuelle ? La difficulté semble balayée par l'article 102 de la loi « pour une République numérique » qui prévoit désormais explicitement que « la participation à des compétitions de jeu vidéo » est une prestation de travail. Il ne saurait, d'ailleurs, être opposé à cette qualification que la pratique du jeu vidéo est un loisir dépourvu de toute pénibilité voire « torture » dont le travail tire son origine étymologique[2].

La perception d'une rémunération. De la prestation doit résulter, pour l'employé, une contrepartie - financière ou en nature - le contrat de travail étant conclu à titre onéreux[3]. Cette qualité essentielle du contrat de travail permet de le distinguer du bénévolat associatif[4]. Le joueur bénévole ne pourra donc recevoir aucune rémunération de la part de l'équipe *esportive* constituée sous la forme associative.

Un nécessaire état de subordination[5]. L'une des qualités essentielles du contrat de travail est le lien de subordination

---

[1] G. Auzero, D. Baugard, E. Dockès, *op. cit.*, p. 282, n° 199

[2] Communiqué de la Cour de cassation sur Cass. soc., 3 juin 2009, *Île de la tentation*, n° 08-40.981 : Dr. soc. 2009, p. 780, obs. J.-J. Dupeyroux ; D. 2009, p. 1530, note J.-F. Césaro ; D. 2009, p. 2116, note P.-Y. Gautier ; Cass. soc., 25 juin 2013, *Mister France*, n° 12-13.968 P, Dr. ouvrier 2014. 101, note A. Mazières ; Cass. soc., 25 juin 2013, *Koh Lanta*, n° 12-17.660, inédit : RDT 2013. 622, note D. Gardes ; Dr. soc. 2014. 11, chron. D. Gardes ; Cass. soc., 4 février 2015, *Pékin Express*, n° 13-25.621, inédit : RDT 2015. 252, note B. Géniaut

[3] Cass., 3 août 1942, DA 1943. I. 1 ; Cass. soc., 26 octobre 1999, Dr. soc. 2000. 146, note J. Savatier

[4] H. Guichaoua, « La frontière entre l'activité professionnelle et le bénévolat », Dr. ouvrier 2013. 229

[5] V. not. : C. Encarnacao, *op. cit.*, p. 28 ; P.-X. Chomiac de Sas, *op. cit.*, p. 92

existant entre l'employeur et le salarié. Il est caractérisé dès lors que le travailleur est soumis au pouvoir de direction, de contrôle et de sanction de l'employeur[1]. « L'objet de la preuve s'est déplacé sur les conditions effectives de travail »[2]. Le juge recherche si un état de subordination existe dans les faits, nonobstant ce qui est soutenu par les parties[3]. Les trois composantes de l'état de subordination peuvent être prouvées directement[4]. Le plus souvent, seules deux d'entre elles le seront et la juridiction caractérisera la dernière à partir d'indices[5]. Si le joueur ne parvient pas à démontrer les pouvoirs de direction, contrôle ou sanction de l'équipe, des indices pourront pallier ce manque de preuves directes. Ainsi de l'obligation de s'entraîner dans les locaux de l'équipe, à des horaires imposés, avec le matériel informatique ou technologique de l'équipe[6].

Le cas particulier des « *gaming houses* » ou « *bootcamp* ». Il a même été possible d'assister à un cas extrême de pouvoir de contrôle et de direction, celui des « *gaming houses* ». Les joueurs d'une équipe vont vivre tous ensemble pendant plusieurs mois. Ils se réveillent, s'entraînent, jouent, rediffusent parfois leurs parties sur des plateformes de *streaming*, se couchent et recommencent le lendemain. Le contrôle sur leur vie est presque absolu tant leur emploi du temps est rythmé par le travail. Cela ne signifie pas qu'ils en souffrent. Ils sont généralement bien payés, disposent de temps de repos, tissent des liens forts avec leurs coéquipiers et gagnent en popularité sous la bannière de l'équipe. Toujours est-il que l'état de subordination semble

---

[1] Cass. soc., 13 novembre 1996, *Société Générale*, n° 94-13.187 : Dr. soc. 1996, 1067, note J.-J. Dupeyroux ; JCP E 1997, II, 911, note J. Barthélémy

[2] G. Auzero, D. Baugard, E. Dockès, *op. cit.*, p. 287, n° 203

[3] Cass. soc., 19 décembre 2000, *Labbanne*, n° 98-40.572 P, *préc.*

[4] Cass. soc., 17 mai 2006, n° 05-43.265 F-D

[5] Cass. soc., 15 mars 2006, n° 04-47.379, Bull. civ. V, n° 110 ; Cass. soc., 28 novembre 2018, *Take Eat Easy*, n° 17-20.079 P, JCP S 49. 1398, avis de l'avocat général C. Courcol-Bouchard et note G. Loiseau ; SSL 2018/1841, obs. B. Gomes, p. 6 ; Cass. soc., 4 mars 2020, *Uber*, n° 19-13.316 : JCP E 2020. n° 40 note J.-F. Cesaro, p. 39 ; Dr. soc. 2022. n°6, C. Radé, p. 522

[6] V. not. sur les indices retenus par les juridictions : G. Auzero, D. Baugard, E. Dockès, *op. cit.*, pp. 291-298, n° 207 à 216

pouvoir être qualifié – bien que le manque de contentieux empêche de faire la lumière sur un éventuel pouvoir de sanction.

Le cas particulier de la clause d'exclusivité. Si un joueur conclut un contrat de prestation de service qui contient une clause d'exclusivité afin de garantir à l'équipe qu'il la représentera lors des prochaines compétitions, une requalification en contrat de travail est à craindre. La Cour de cassation a, en effet, pu retenir une telle qualification lorsque le travailleur n'avait pas de clientèle propre[1] et qu'il travaillait exclusivement pour son cocontractant. Finalement, la dépendance économique qui résultait de la situation était un indice de l'état de subordination. Enfin, le fait que l'*esportif* exerce en parallèle une autre activité professionnelle, par exemple celle d'« influenceur »[2], n'empêche pas la qualification d'un contrat de travail entre lui et son équipe[3].

Les conséquences de la requalification. Outre la « condamnation de la structure à payer les salaires y compris congés, primes et heures supplémentaires le cas échéant, correspondant à ce que le joueur aurait perçu en tant que salarié, depuis le début de la relation de travail »[4], l'employeur engage sa responsabilité pénale. L'article L. 8221-1 du Code du travail incrimine le « travail dissimulé par dissimulation d'emploi salarié » défini à l'article L. 8221-5 dudit code. Ce délit est puni de trois ans d'emprisonnement et de 45 000 euros d'amende en vertu de l'article L. 8224-1 de ce même code. Trois situations sont visées par cet article : l'entrepreneur ne déclare pas les travailleurs, l'entrepreneur n'accomplit pas - auprès des organismes de sécurité sociale ou auprès de l'administration fiscale – les déclarations qui lui incombaient ou, et c'est la situation qui intéresse ici, un travailleur est employé sous un faux statut. Pour pouvoir retenir l'infraction de travail dissimulé, une

---

[1] Cass. soc., 13 janvier 2000, Bull. civ. V, n° 20 ; Cass. soc., 23 janvier 2008, n° 06-46.137

[2] Cf infra « La proposition de loi sur les influenceurs »

[3] Cass. soc., 28 avril 2011, n° 10-15.573 : Bull. civ. V, n° 100 ; D. 2011, p. 2325, note J.-P. Karaquillo

[4] C. Encarnacao, *op. cit.*, p. 29

condition préalable tient à l'existence d'un contrat de travail, c'est-à-dire de la combinaison des trois *essentialia* précités[1]. En vertu de l'article L. 8223-1 du Code du travail, le joueur pourra prétendre à une indemnité forfaitaire égale à six mois de salaire en cas de rupture de la relation de travail. Il est à noter que si le joueur est un mineur soumis à l'obligation scolaire, l'emploi dissimulé est puni d'un emprisonnement de cinq ans et d'une amende de 75 000 euros en application du premier alinéa de l'article L. 8224-2 dudit code. S'agissant d'un délit intentionnel, le travail dissimulé ne peut être réprimé qu'après avoir apporté la preuve de l'élément moral. Si, par sévérité, la Chambre criminelle[2] de la Cour de cassation tend à présumer l'intentionnalité, la Chambre sociale[3] est plus rigoureuse et respecte davantage le principe de la présomption d'innocence.

---

[1] Cf supra « Les *essentialia* du contrat de travail »

[2] Cass. crim., 26 septembre 2000, n° 00-80.035

[3] Cass. soc., 29 juin 2005, n° 04-40.758 : RF Social, 2017. NS176, p. 34

Conclusion de la première partie

Plusieurs constats sont possibles à ce stade. Tout d'abord, le droit français n'ignore pas l'*esport*. La loi « pour une République numérique » était un socle nécessaire en autorisant l'organisation de compétitions de jeux vidéo et en prévoyant le statut social des joueurs professionnels salariés. Ce socle n'est cependant qu'une base qu'il convient d'améliorer. En effet – et c'est là une deuxième remarque -, le droit positif s'il est nécessaire, est en revanche insuffisant. Plusieurs questions ont pu être soulevées quant aux sanctions parfois inopportunes ou pour lesquelles la cible est indéterminée. Ce régime doit être précisé puisqu'aucun flou ne devrait être permis, surtout lorsque la sanction est pénale. Troisième constat, la préparation en amont d'une compétition est source de contentieux. Nombreux sont les risques parfois conséquences d'un régime flou. Tous les acteurs sont proies à un contentieux et le choix de la forme d'exercice de l'activité est primordial pour les limiter. Enfin, le dernier constat porte sur les sanctions. Si le droit administratif ou le droit du travail sont les cadres de la préparation de telles compétitions, c'est bien le droit pénal qui sanctionne tout manquement. Le droit fiscal intervient quant à lui ponctuellement en réponse à certains montages artificiels.

C'est ici que l'étude du droit positif de l'*esport* s'achève. S'il s'intéresse au statut des joueurs et à l'organisation des compétitions, le législateur méconnait tout le contentieux généré par la tenue de celles-ci. Le joueur doit alors faire face à des problématiques qui ne trouvent pas de solutions spéciales. La présente étude vise cependant à démontrer qu'il est inopportun de vouloir à tout prix légiférer spécialement en la matière contrairement à ce qui est affirmé par la majorité des auteurs s'étant penchés sur la question. Le droit positif, et notamment le droit pénal des affaires, est en grande partie suffisant pour sanctionner les mauvais comportements.

Seconde partie

Les risques contentieux concomitants à la compétition

L'exclusion de contentieux accessoires à l'*esport*. Une fois la compétition déclarée et les équipes formées, le tournoi peut commencer et être, à son tour, à l'origine de contentieux. Ce contentieux des compétitions est vaste et s'accompagne d'un contentieux accessoire relatif au *streaming*. Les compétitions sportives ont très tôt fait l'objet d'une rediffusion à la télévision. Les compétitions *esportives* empruntent la même voie mais sont diffusées, cette fois, sur des plateformes telles « YouTube » ou « Twitch ». Pourraient de ce fait engager leur responsabilité les éditeurs de jeux vidéo également organisateurs de compétitions en raison d'une atteinte à la concurrence[1]. Il en va de même pour ces plateformes de rediffusion soumises au respect des droits

[1] V. Gringarten, « L'e-sport où E = Éditeur », in *Les enjeux juridiques de l'e-sport*, G. Rabu et M. Reverchon-Billot (dir.), PUAM, coll. « Centre de droit du sport », 2017, pp. 223 - 241

d'auteur[1] et dont on recherche de plus en plus la responsabilité[2]. Se pose également la question d'une éventuelle responsabilité de celles-ci du fait de leurs utilisateurs[3]. La présente étude ne s'intéresse cependant qu'à l'*esport stricto sensu* bien que l'existence de ces problématiques illustrent l'importance des enjeux juridiques liés aux compétitions de jeux vidéo. Les questions soulevées ne trouveront donc pas de réponse dans les prochains développements qui n'évoqueront que les contentieux propres à la pratique compétitive du jeu vidéo.

L'*esport* ne fait pas preuve d'originalité et seront retrouvées des difficultés similaires à celles que connaissent les compétitions de sports traditionnels. Si l'organisation de compétitions est davantage source de contentieux pour les structures que pour les joueurs, la tendance s'inverse dès que la compétition débute. Le joueur tient les rênes et – sans aller jusqu'à la fraude - met tout en œuvre pour remporter la compétition. À moins qu'il fasse tout l'inverse et précipite son équipe vers la défaite, animé par une intention peu noble.

Le joueur peut se rendre coupable d'infractions et engager sa responsabilité lorsque ses agissements portent atteinte à l'intégrité de la compétition (**Titre 1**) ou à la sincérité des résultats (**Titre 2**).

---

[1] C. Jin-Seo, « StarCraft Losing in Gaming League », in *The Korea Times*, 19 mai 2008 ; J. Dong, « Jeu vidéo 2.0 : Far West du droit d'auteur », Comm. com. electr. n°2, Février 2010, alerte 13 ; N. Binctin, N. Bronzo, « E-sport et propriété intellectuelle », in *Les enjeux juridiques de l'e-sport*, G. Rabu et M. Reverchon-Billot (dir.), PUAM, coll. « Centre de droit du sport », 2017, pp. 447 – 473 ; Directive (UE) n° 2019/790 du parlement européen et du Conseil du 17 avril 2019 sur le droit d'auteur et les droits voisins dans le marché unique numérique et modifiant les directives 96/9/CE et 2001/29/CE ; Ordonnance n° 2021-580 du 12 mai 2021 portant transposition du 6 de l'article 2 et des articles 17 à 23 de la directive n° 2019/790 précité ; G. Rabu, « Jeux vidéo - Les organisateurs de compétitions de jeux vidéo confrontés au droit d'auteur des éditeurs », Comm. com. electr. n° 7-8, juillet 2020, étude 14

[2] G. Loiseau, « Hébergeur – La responsabilité des plateformes de partage de vidéos », Comm. com. electr. n° 9, Septembre 2021, comm. 62

[3] V. Bordereau, S. Martin, « Le droit français de la responsabilité à l'épreuve du clic », RDA n° 24, Décembre 2022, p. 28

Titre 1

Les atteintes à l'intégrité de la compétition

La compétition repose sur un principe d'égalité entre les joueurs. Tous placés dans la même situation, la seule variable – qui offrira la victoire – étant la compétence du joueur.

Ce principe d'égalité connait parfois des atteintes. Toute manœuvre visant à modifier le cours normal de la compétition en favorisant un joueur par la triche (**Chapitre 1**) ou l'usage de substances (**Chapitre 2**) doit être sanctionnée.

Chapitre 1
Une tricherie suffisamment sanctionnée par le droit français

Bien que dans le monde *esportif*, les méthodes de triche soient autant – voire davantage – développées que dans le sport traditionnel (**Section 1**), le droit positif français est suffisamment complet pour sanctionner ces pratiques (**Section 2**).

Section 1 - La variété des actes de tricherie

Importance relative de la triche. Certains ont pu relever que la tricherie était répandue lors des compétitions de jeux vidéo car « les enjeux sont devenus tellement importants que la pression qui accompagne les acteurs de l'esport les encouragent à recourir à de telles pratiques »[1]. Ainsi, alors que la France accueille cette année un Major de « *Counter-Strike* », est-elle en mesure de faire face à la triche qui peut opérer sur ce jeu ? En effet, en 2014, une équipe entière - du nom de « Titan » -, qualifiée pour le tournoi perd finalement son « *slot* », c'est-à-dire son droit de participer à la compétition, car la triche à laquelle elle s'adonnait fut révélée au grand jour[2]. L'équipe ne supportera pas le scandale et sera dissoute. En réalité, la crainte évoquée doit être relativisée tant les cas de tricherie à haut niveau sont rares. Très difficile à mettre en œuvre lors des compétitions physiques en raison des nombreux contrôles effectués[3], la triche apparait presque exclusivement dans le cadre des compétitions en ligne. Pour autant faut-il attendre d'autres scandales avant que le législateur n'intervienne ? Attendre une loi de réaction, *in pejus* qui plus est - et donc non rétroactive -, ne semble pas être la meilleure solution.

---

[1] C. Encarnacao, *op. cit.*, p. 90

[2] LSRcs-, "Le plus grand tabou de l'esport", 1er mars 2023, https://www.youtube.com/watch?v=cES6zD96z8M& list=WL&index=20, à la 53e seconde de la vidéo (consulté le 11 mai 2023)

[3] *Ibid.*, à la 3e minute de la vidéo

Définition de la triche. La triche n'est pas définie juridiquement. Synonyme de « tricherie », elle s'entend comme le « fait de tricher », c'est-à-dire « enfreindre les règles d'un jeu, d'un sport, pour gagner »[1]. « Trois techniques sont principalement utilisées, à savoir le *wallhack*, le *maphack* et l'*aimbot*, mais il en existe d'autres, l'inventivité n'ayant aucune limite »[2]. Les logiciels de *wallhack* permettent de voir à travers les murs. Ils sont particulièrement utiles lorsque l'objectif est de trouver puis abattre l'équipe adversaire. La deuxième technique de triche évoquée consiste à utiliser un logiciel qui offre à l'un des joueurs une vision complète du terrain de jeu, alors que son adversaire aura un champ de vision restreint. Enfin, l'*aimbot* est un logiciel qui vient pallier le manque de précision du joueur. Lorsque celui-ci doit tirer avec son arme à feu ou encore jeter un sort sur son adversaire, l'*aimbot* lui garantit de toucher sa cible, de ne pas la manquer. Un joueur reposera uniquement sur sa rapidité d'exécution, son adresse et sa précision tandis que l'autre pourra jouer sans se concentrer et tout de même toucher sa cible. Il y a, là encore, une rupture d'égalité entre les joueurs.

Le cas particulier du « *bug abuse* ». Alors que certains affirment qu'« il n'y a rien d'interdit à ce que l'esportif profite d'un bug dans le jeu »[3], une autre interprétation est permise[4] et est d'ailleurs suivie par les éditeurs de jeux vidéo eux-mêmes. Lors des compétitions du jeu « *League of Legends* », certains « *skins* », c'est-à-dire tenues vestimentaires des personnages, sont interdits. Le port de ces tenues crée un « *bug* » visuel. Les sorts et attaques du joueur sont moins visibles ce qui les rend moins faciles à esquiver pour l'adversaire. Pour éviter que l'un des joueurs profite de cette altération visuelle, le port de ce « *skin* » est tout bonnement interdit. Monsieur Rabu propose une

---

[1] Le Petit Larousse illustré, définition des termes triche, tricherie et tricher, Éd. Larousse, 2020, p. 1171

[2] C. Encarnacao, *op. cit.*, p. 91

[3] *Ibid.*, p. 90

[4] D. Gantschnig, « La triche dans l'e-sport », in *Les enjeux juridiques de l'e-sport*, G. Rabu et M. Reverchon-Billot (dir.), PUAM, coll. « Centre de droit du sport », 2017, p. 289

interprétation intermédiaire qui ne peut qu'être approuvée. « La qualification de tricherie est plus incertaine lorsqu'il s'agit d'exploiter régulièrement les failles techniques du jeu (*glitches*) sans en modifier les utilités. Ces « exploits » ne constituent *per se* des manquements justifiant l'exclusion d'une compétition qu'à la condition d'être expressément qualifiés ainsi dans les conditions générales de participation. »[1].

Le cas particulier de l'« *aliasing* ». « L'*aliasing* consiste à demander à un autre joueur de jouer la partie à sa place (l'idée étant que le joueur en question soit plus performant), afin d'augmenter ses chances de victoire. »[2]. L'*aliasing* est plus fréquent lors des compétitions en ligne[3].

À cette variété de moyens de triche correspond un régime en grande partie établi par la pratique elle-même[4].

Section 2 - Les sanctions de la triche

Une problématique similaire en matière sportive. Alors que le sport traditionnel fait davantage face au dopage biologique qu'au « dopage technique »[5], l'*esport* connait une inversion des préoccupations. À tel point qu'il pourrait être imaginé qu'un jour, la règlementation en matière de lutte contre la triche dans l'*esport* inspire la règlementation en matière sportive. Se pose en effet aujourd'hui des questions relatives au « dopage mécanique », évoqué ici sous le vocable de « triche ». Ainsi, par exemple, « l'Union cycliste internationale a mis en place des contrôles

---

[1] G. Rabu, JurisClasseur Communication, Fasc. 655, *op. cit.*, n° 62

[2] C. Encarnacao, *op. cit.*, p. 91

[3] Anonyme, "Esport : Daniel Abt disqualifié de la Formula Race at Home à Berlin", in *L'Équipe*, 26 mai 2020, https://www.lequipe.fr/Esport/Actualites/Esport-daniel-abt-disqualifie-de-la-formula-race-at-home-a-berlin/1137228, (consulté le 11 mai 2023)

[4] J. Lopez, « Point de vue d'un organisateur », *op. cit.*, p. 212

[5] M. Reverchon-Billot, « "Dopage technique", réel dopage ? », Cah. dr. sport n° 21, 2010, p. 45

pour vérifier la compatibilité de certains vélos aux préconisations fédérales »[1].

Le rôle de l'« *Esports Integrity Commission* ». L'« *Esports Integrity Commission* » (ESIC) joue un rôle essentiel dans la préservation de l'intégrité des compétitions *esportives*[2]. Cette organisation enquête en cas de suspicion de triche et peut engager des poursuites. C'est ainsi que le 28 septembre 2020, l'ESIC publie les résultats d'une enquête menée à l'encontre du club d'*esportifs* dénommé « *Heroic* »[3]. Au cours d'une compétition sur le jeu « *Counter-Strike* », l'entraineur de l'équipe pouvait voir, grâce à un bug, la position des membres de l'équipe adverse. Il pouvait ainsi guider ses joueurs vers les ennemis pour les surprendre, les tuer et gagner la partie. L'entraineur Nicolai « Hunden » Petersen a été banni de la compétition. C'est grâce à l'enquête menée par cette commission que l'entraineur a pu être sanctionné. L'ESIC affirme avoir condamné, pour ce même bug, trente-sept entraineurs[4]. Cependant, ces enquêtes ne sont pas infaillibles et à l'instar de la justice étatique, un recours est ouvert. C'est ainsi que l'un des entraineurs a pu apporter des preuves suffisantes pour obtenir l'annulation de la sanction[5].

---

[1] F. Buy, J.-M. Marmayou, D. Poracchia, F. Rizzo, Droit du sport, LGDJ, coll. « Manuel », 6e éd., 2020, p. 545, n° 949

[2] Esports Integrity Commission, "Who we are" : « The Mission of ESIC is to be recognised guardian of the integrity of esports and to take responsibility for disruption, prevention, investigation and prosecution of all forms of cheating, including, but not limited to, match manipulation and doping », https://esic.gg/about/ (consulté le 25 avril 2023)

[3] Esports Integrity Commission, "Alleged Complicity of Heroic players in Historic Coaching Bug Scandal", https://esic.gg/open_investigation/alleged-complicity-of-heroic-players-in-historic-coaching-bug-scandal/ (consulté le 25 avril 2023)

[4] Esports Integrity Commission, "Esports Integrity Commission Findings from investigation into CS:GO Spectator Bug Exploitation", 28 septembre 2020 https://esic.gg/sanction-outcome/esports-integrity-commission-findings-from-investigation-into-csgo-spectator-bug-exploitation/ (consulté le 25 avril 2023)

[5] Esports Integrity Commission, "Appeal Result : Sergey 'LMBT' Bezhanov", 16 octobre 2020, https://esic.gg/app eal-result/appeal-result-sergey-lmbt-bezhanov/ (consulté le 25 avril 2023)

Le rôle des sociétés éditrices de jeux vidéo. Les sociétés d'édition de jeux vidéo luttent également contre la triche à deux niveaux. Tout d'abord, elles se préoccupent de la question en dehors des compétitions. Elles développent des outils antitriches – logiciels espions dont l'utilisation semble contestable sur le fondement du droit des données personnelles[1] - et demandent aux joueurs de signaler un coéquipier ou adversaire qu'ils auraient vu tricher. Les joueurs coopèrent. Soit pour maintenir un environnement de jeu sain, soit par frustration d'avoir perdu contre un joueur ayant triché. Puis, lors des compétitions, les éditeurs de jeux vidéo - également organisateurs - vont prévoir des règlements intérieurs et chartes de bonne conduite qui doivent être respectés pendant la compétition. En cas de manquement à l'une des dispositions, le joueur et son équipe pourront être sanctionnés.

Les sanctions de l'inexécution contractuelle. Pour participer à une compétition de jeux vidéo, le joueur et son équipe doivent se soumettre aux conditions posées par ces règlements de nature contractuelle[2]. La tricherie est un manquement aux dispositions contractuelles de ces règlements qui l'interdisent expressément. Elle s'apparente ainsi à une inexécution contractuelle pouvant ouvrir la voie de l'exception d'inexécution, de la mise en œuvre d'une clause pénale voire de la résolution pour inexécution. Le joueur est, en conséquence, suspendu, condamné au paiement d'une « amende » ou peut être exclu, seul ou avec son équipe, de la compétition[3].

Les éventuelles sanctions supplémentaires du droit positif français. Certains auteurs soutiennent que d'autres sanctions pourraient être prononcées à l'égard du tricheur. Ainsi de la condamnation pour contrefaçon « dès lors que la tricherie emporte transformation ne serait-ce que partielle ou même

---

[1] C. Le Goffic, « Le contentieux de l'e-sport », *op. cit.*, p. 345
[2] P.-X. Chomiac de Sas, *op. cit.*, p. 127
[3] G. Rabu, JurisClasseur Communication, Fasc. 655, *op. cit.*, n° 60

temporaire du jeu vidéo assimilé à une œuvre complexe »[1]. Des délits pénaux semblent également constitués en cas de triche.

L'usurpation d'identité. L'article 226-4-1 du Code pénal réprime l'usurpation d'identité. Lorsqu'un joueur utilise le pseudonyme, identité numérique[2], d'un autre joueur, n'est-ce pas constitutif d'une usurpation d'identité ? Cela ne relève pas de l'évidence. En effet, l'un des éléments constitutifs du délit semble faire défaut. Cette usurpation doit être effectuée « en vue de troubler » la tranquillité du joueur dont on a emprunté le pseudonyme ou la tranquillité d'autrui. Cette usurpation peut également être effectuée en vue « de porter atteinte à son honneur ou à sa considération ». Ce dol spécial n'est pas présent en cas d'*aliasing*. Celui qui joue à la place du joueur inscrit ne le fait pas pour troubler sa tranquillité ou porter atteinte à son honneur ou à sa considération. Il le fait car ce dernier le lui a demandé. Il le fait pour que le joueur inscrit remporte la victoire. Il ne lui cause aucun tort en empruntant son identité, bien au contraire. Ce délit de l'article 226-4-1 est inapplicable contrairement au délit d'escroquerie.

L'escroquerie. En vertu de l'article 313-1 du Code pénal, l'escroquerie est le fait, notamment par l'emploi de manœuvres frauduleuses, « de tromper une personne physique ou morale et de la déterminer ainsi, à son préjudice ou au préjudice d'un tiers, à remettre des fonds, des valeurs ou un bien quelconque, à fournir un service ou à consentir un acte opérant obligation ou décharge ». Elle est sanctionnée d'une peine de cinq ans d'emprisonnement et de 375 000 euros d'amende. Pour déterminer si la triche lors d'une compétition peut engager la responsabilité pénale du joueur, il convient d'étudier les éléments constitutifs de l'infraction. Utiliser un logiciel de triche ou faire jouer quelqu'un à sa place est-il constitutif d'une « manœuvre

---

[1] G. Rabu, JurisClasseur Communication, Fasc. 655, *op. cit.*, n° 62

[2] F. Mattatia, « L'usurpation d'identité sur internet dans tous ses états », RSC 2014, n°2, p. 331 – 337 ; M. Monteil, « L'usurpation d'identité à l'épreuve du numérique », D. 2020, p. 101 et s.

frauduleuse » ? Cette notion large, si elle n'est pas définie, ne peut, cependant, renvoyer qu'à un acte positif et non à une simple omission[1]. S'inscrire à une compétition puis user d'un logiciel ou se faire remplacer par un meilleur joueur est un acte positif indubitablement constitutif d'une manœuvre frauduleuse. Celle-ci doit cependant tromper une personne et la déterminer à remettre des fonds ou un bien. Or, c'est bien car l'utilisation du logiciel ou l'*aliasing* a donné du crédit au mensonge du joueur inscrit sur ses compétences que l'organisateur de la compétition va lui remettre le *cash prize*, le lot gagnant. Il ne l'aurait jamais fait sans la triche qui a été déterminante et a altéré son consentement. *Quid* du dernier élément matériel de l'infraction, celui relatif au préjudice ? Il ne fait aucun doute qu'un préjudice résulte de la tricherie. L'atteinte au libre arbitre de l'organisateur pourrait être reconnue comme un préjudice[2]. Mais c'est bien le préjudice subi par les tiers, les autres joueurs, qui sera le plus aisé à caractériser. Il est évident que la remise d'un prix à un joueur en raison d'un mensonge sur ses réelles compétences a privé dudit prix le véritable meilleur joueur. En l'absence de toute escroquerie, il aurait reçu le *cash prize*. Ce gain manqué est constitutif d'un préjudice qui doit être réparé[3]. Enfin, s'agissant de l'élément moral de l'infraction, il est caractérisé dès lors que la triche a été mise en place dans le but de remporter la compétition et d'obtenir le *cash prize* malgré le niveau insuffisant de l'*esportif*. La tentative d'escroquerie étant sanctionnée par l'article 313-3 du même code si, malgré la triche, le joueur ne gagne pas, il reste pénalement responsable. Il ne pourra, en effet, pas arguer d'un désistement volontaire puisque son échec sera simplement dû à la supériorité de ses adversaires ou à l'inefficacité de la triche.

---

[1] Cass. crim., 5 juillet 1956 : Bull. crim. n° 520 ; Cass. crim., 2 octobre 1978 : Gaz. Pal. 1979. 2., somm. 354

[2] A. Lepage, P. Maistre du Chambon, R. Salomon, Droit pénal des affaires, LexisNexis, coll. « Manuel », 6e éd., 2020, p. 59, n° 171 ; Cass. crim., 15 juin 1992 : Bull. crim. 1992, n° 234 ; Dr. pén. 1992, comm. 82, obs. M. Véron ; RSC 1993, 783, obs. P. Bouzat

[3] E. Levacher, Le gain manqué, thèse, Ph. Delebecque (dir.), Université Paris I, 2010, p. 35

Si le droit français apparait suffisant pour sanctionner la triche dans le cadre d'une compétition de jeux vidéo, il l'est également pour sanctionner la consommation de substances visant à améliorer les compétences du joueur.

Chapitre 2
Un droit positif sévère face à la consommation de psychostimulants

Il est indéniable que la législation relative au dopage ne s'applique pas à l'*esport* en l'état actuel du droit. Les professionnels tentent de combler ce « vide juridique » (**Section 1**) en attendant une intervention législative (**Section 2**) dont la nécessité et les bienfaits escomptés sont toutefois à relativiser (**Section 3**).

Section 1 - La prévention du dopage par la pratique

L'influence du droit du sport. Il ne peut être raisonnablement contesté qu'en matière d'*esport*, la prévention du « dopage » est bien moins encadrée qu'en matière sportive. Il faudrait donc, pour certains auteurs, s'inspirer des mécanismes mis en œuvre dans le monde du sport pour les appliquer aux compétitions de jeux vidéo. Le Code mondial antidopage pourrait ainsi devenir « une première source réglementaire en matière de dopage esportif, des dispositions complémentaires pouvant venir préciser les comportements spécifiques en matière d'esport »[1].

Une prévention à tous les niveaux. Sur le plan international, a été créée en 1999 une autorité internationale indépendante « pour mener un mouvement collaboratif » de lutte contre le dopage. C'est ainsi que l'Agence mondiale antidopage s'est vu attribuer pour rôle « d'élaborer, d'harmoniser et de coordonner les règles et les politiques antidopage dans tous les sports et tous les pays »[2]. À la suite de la création de cette instance, c'est le Code mondial antidopage qui fut adopté en 2003 pour

---

[1] P.-X. Chomiac de Sas, *op. cit.*, p. 131

[2] AMA-WADA, "Qui nous sommes", https://www.wada-ama.org/fr/qui-nous-sommes, (consulté le 12 mai 2023)

« appliquer de manière harmonisée, dans toutes les disciplines sportives et dans la majorité des pays, des principes généraux communs élaborés au niveau international »[1]. Ce code « bien que non contraignant pour les États, influence très largement les dispositions nationales relatives au dopage »[2]. Sur le plan interne, en vertu de l'article L. 232-5 du Code du sport, c'est l'Agence française de lutte contre le dopage qui « définit et met en œuvre les actions de lutte contre le dopage » en coopération avec l'Agence mondiale antidopage évoquée précédemment.

La prévention sur la scène *esportive*. À titre d'exemple, l'ancien organisateur de compétitions de jeux vidéo « Electronic Sports League » prévoyait dans son règlement une liste des substances interdites, une présomption de dopage en cas de refus de subir un dépistage et des sanctions pour tout test positif. Sanctions allant de l'avertissement à l'exclusion du joueur ou de son équipe de la compétition[3]. Si le joueur ne souhaite pas être contrôlé, il ne consent pas au règlement et ne pourra alors pas participer à la compétition. En revanche, une fois le consentement donné, il ne pourra plus se prévaloir d'une atteinte à l'intégrité de son corps par application de l'article 511-5 du Code pénal. En effet, cette disposition incrimine « le fait de prélever […] un produit sur une personne vivante majeure sans qu'elle ait exprimé son consentement ». La participation à la compétition impliquant ce consentement, un élément matériel de l'infraction fait défaut.

La contestation des contrôles anti-dopage. Certains praticiens soulèvent une difficulté quant à la mise en place des contrôles anti-dopage. D'une part, ils sont prévus par le règlement de la compétition dont les stipulations ne sont pas négociables et créeraient un déséquilibre significatif[4] entre les

---

[1] G. Simon, C. Chaussard, Ph. Icard, D. Jacotot, Ch. de La Mardière, V. Thomas, Droit du sport, PUF, coll. « Thémis Droit », p. 423, n° 585

[2] F. Buy, J.-M. Marmayou, D. Poracchia, F. Rizzo, *op. cit.*, p. 546, n° 950

[3] Règlement officiel ESL Championnat national, Saison Summer 2020, Counter Strike : Global Offensive

[4] C. Le Goffic, « Le contentieux de l'e-sport », *op. cit.*, p. 304

droits et obligations des cocontractants. Les clubs et les joueurs étant des professionnels, ils ne pourront se prévaloir du droit de la consommation mais pourraient invoquer l'article L. 442-1 du Code de commerce. D'autre part, ces contrôles « constituent une dérogation au principe d'inviolabilité du corps humain »[1] protégé par l'article 16-1 du Code civil. Cette protection du corps humain n'est pas sans limite[2]. Seuls les atteintes et agissements illicites sont prohibés par l'article 16-2 du Code civil qui offre un recours judiciaire. Le tribunal compétent semble être le juge judiciaire. L'action vise, en effet, à empêcher ou faire cesser l'atteinte à un droit fondamental qu'il garantit[3]. Les contrôles anti-dopage doivent être justifiés par un « intérêt supérieur d'ordre public, de sécurité publique ou de santé publique »[4]. À défaut de loi en matière *esportive*, aucune censure par le Conseil constitutionnel ne peut être recherchée. En revanche, la pratique peut être contestée sur le fondement de la Convention européenne de sauvegarde des droits de l'Homme. En effet, une ingérence dans la vie privée est condamnée si elle n'était pas justifiée au regard de l'article 8§2 de ladite Convention. Le justiciable devra donc démontrer que l'ingérence n'était pas prévue par une loi et n'était pas nécessaire dans une société démocratique pour atteindre un but légitime[5]. La première condition semble faire défaut puisqu'aucune norme ne prévoit les contrôles sauf à considérer que le règlement intérieur de la compétition soit une loi au sens du droit conventionnel.

La contestation d'une renonciation contractuelle. Participer à la compétition n'équivaut-il pas à une renonciation contractuelle à ses droits fondamentaux ? La renonciation est

---

[1] C. Encarnacao, *op. cit.*, p. 97

[2] J.-R. Binet, JurisClasseur Civil Code, Fasc. 12 : Protection de la personne - Le corps humain, 11 décembre 2015, mis à jour le 4 août 2021, n° 46

[3] J.-M. Auby, « L'autorité judiciaire, gardienne du corps humain ? », in Mél. *Drago*, Économica, 1996, p. 353

[4] B. Teyssié, Droit des personnes, LexisNexis, coll. « Manuel », 24e éd., 2022, p. 141, n° 188

[5] CEDH, 10 mars 2015, Y.Y. c/ Turquie, aff. 14793/08 : Gaz. Pal. n° 172, note L. Dimitrov, p. 44 ; RTD civ., n°2, note J.-P. Marguénaud, p. 331 ; RTD civ, n°2, note J. Hauser, p. 349

« un acte de disposition par lequel une personne, abandonnant volontairement un droit déjà né dans son patrimoine (droit substantiel ou action en justice), éteint ce droit ou s'interdit de faire valoir un moyen de défense ou d'action »[1]. Le contrôle anti-dopage est prévu par le règlement intérieur de la compétition. Or, ce règlement a valeur contractuelle. Participer à la compétition nécessite de respecter ce règlement et ses clauses, parmi lesquelles celles prévoyant un contrôle anti-dopage. Participer à la compétition revient, donc, à renoncer contractuellement au droit au respect de sa vie privée et au droit à l'intégrité de son corps. Cette renonciation contractuelle, même tacite[2], est valable[3]. Cependant, le consentement doit être libre et éclairé. À défaut, la nullité de la clause pourrait être obtenue et l'auteur de l'atteinte sanctionné. La clause de renonciation aux droits au respect de sa vie privée et de son intégrité physique doit figurer dans le contrat principal. Soit le joueur ne conclut avec l'organisateur de la compétition qu'un seul contrat comportant le règlement intérieur et la clause litigieuse, soit le règlement intérieur imposant la soumission au contrôle anti-dopage est annexé à un autre contrat liant les deux parties. Dans ce second cas, la clause n'est pas valable[4]. La clause doit être expresse et spécifier clairement à quels droits le joueur renonce, c'est-à-dire aux droits au respect de sa vie privée et de son intégrité physique[5]. Cette exigence propre aux contrats d'adhésion trouve à s'appliquer dans le cadre de la participation à une compétition de jeux vidéo. Il est indéniable que le règlement de participation est un contrat d'adhésion au sens de l'article 1110, alinéa 2 du Code civil ses clauses étant non négociables et déterminées à l'avance par l'organisateur. Si le joueur se refuse à respecter lesdites clauses telles qu'elles lui sont présentées, il ne peut tout

---

[1] G. Cornu et l'Association Henri Capitant, Vocabulaire juridique, PUF, coll. « Quadrige », 14e éd., 2022, p. 245

[2] Cass. civ. 1ère, 8 janvier 1962, Bull. civ. 1962, I, n°8

[3] E. Ripoche, La liberté et l'ordre public contractuels à l'épreuve des droits fondamentaux, thèse, Université Paris II Panthéon-Assas, Y. Lequette (dir.), 2019, p. 464, n° 798

[4] Cass. soc., 19 novembre 1997, n° 95-41.260

[5] L. Maurin, Contrat et droits fondamentaux, thèse, Université d'Aix-Marseille, Y. Lequette (dir.), 2013, p. 268, n° 338

simplement pas participer à la compétition. Lorsque la clause portant renonciation des droits fondamentaux ne respecte pas les prescriptions précitées, elle pourra être contestée par le joueur.

Pour éviter de telles contestations, rien de mieux qu'une loi intelligible et accessible justifiant l'atteinte proportionnée aux droits fondamentaux par un but légitime. Si une telle loi n'existe pas aujourd'hui, elle pourrait naître d'une menue modification de la législation actuelle relative au dopage sportif.

Section 2 - Une potentielle soumission à la législation du dopage

Définition du dopage. Classiquement, le dopage « consiste pour les sportifs à améliorer artificiellement leurs performances »[1]. Plus précisément, il s'agit d'un « délit consistant en l'utilisation de certaines substances énumérées par décret, dans le dessein d'améliorer une performance sportive au cours d'une compétition »[2]. Appliqué à l'*esport*, le dopage consisterait en l'assimilation de substances permettant aux joueurs « d'être totalement concentrés sur leur partie, d'augmenter leur réactivité et leur analyse du jeu »[3].

« *Adderall* » ou « *Mydayis* ». Un psychostimulant est très utilisé aux États-Unis d'Amérique pour traiter les troubles de la concentration et l'hyperactivité. Il s'agit de l'« *Adderall* » ou « *Mydayis* », un stimulant du système nerveux central de la classe des phénéthylamines. Dans le milieu *esportif*, l'usage de cette substance semble avoir été légion par le passé[4] sans que rien

---

[1] G. Simon, C. Chaussard, Ph. Icard, D. Jacotot, Ch. de La Mardière, V. Thomas, *op.cit.*, p. 422, n° 585

[2] G. Cornu et l'Association Henri Capitant, Vocabulaire juridique, *op.cit*, p. 371

[3] C. Encarnacao, *op.cit.*, p. 93

[4] Ch. Dudognon, « Dopage et e-sport : quelques aspects stratégiques et repères méthodologiques », in *Les enjeux juridiques de l'e-sport*, G. Rabu et M. Reverchon-Billot (dir.), PUAM, coll. « Centre de droit du sport », 2017, p 274 ; MGG, "Dopage à l'Adderall chez Cloud 9", 15 juillet 2015, https://www.millenium.org/news/200891.html, (consulté le 11 mai 2023) ; J.

n'indique qu'elle ait complètement disparu depuis. Or, le droit français qualifie de « substances ou méthodes interdites » celles figurant sur la liste des interdictions établie par l'Agence mondiale antidopage et annexée à la Convention internationale contre le dopage dans le sport, adoptée à Paris le 19 octobre 2005. Cette liste prévoit que les « phénéthylamines » sont des substances interdites en compétition. L'« *Adderall* » est donc, en droit du sport, une « substance ou méthode interdite ».

L'incorrecte qualification de « dopage » en matière *esportive*. Tous les auteurs[1] semblent s'accorder sur la qualification de « dopage » alors même qu'ils relèvent qu'à défaut d'assimiler l'*esport* au sport[2], la législation visant à lutter contre ce dopage ne s'applique pas aux compétitions de jeux vidéo. Si l'utilisation du terme « dopage » peut se comprendre pour des raisons de commodité et d'intelligibilité, elle ne semble pas trouver de justification juridique. En effet, l'article L. 230-7 du Code du sport reprend la définition du « dopage » proposée par l'article premier du Code mondial antidopage. Or, cet article prévoit que « le dopage est défini comme une ou plusieurs violations des règles antidopage énoncées aux articles 2.1 à 2.11 du Code ». Est alors listée une dizaine de comportements constitutifs d'un « dopage ». Tous visent un « sportif »[3]. Le Code du sport transpose cette condition *ratione personæ* en son article L. 232-9, II, 3° qui dispose qu'« il est interdit à tout sportif : […] de faire usage ou de tenter de faire usage d'une ou de plusieurs des substances ou méthodes interdites… ». Le constat est donc le suivant : il est juridiquement incorrect de parler de « dopage »

Madiot, N. Luciu, "L'esport doit lui aussi faire face au dopage", 4 juin 2019, https://www.vice.com/fr/article/8xz8x3/lesport-doit-lui-aussi-faire-face-au-dopage, (consulté le 11 mai 2023)

[1] C. Encarnacao, *op. cit.*, p. 93 ; P.-X. Chomiac de Sas, *op.cit.*, p. 103 ; G. Rabu, JurisClasseur Communication, Fasc. 655, *op. cit.*, n° 67 ; Ch. Dudognon, « Dopage et e-sport : quelques aspects stratégiques et repères méthodologiques », *op. cit.*, 273

[2] J. Huet, P.-X. Chomiac, « L'e-sport : pas un sport, mais une « compétition de jeux vidéo » désormais encadrée », Comm. com. electr., juillet-août 2017, étude 12

[3] F. Buy, J.-M. Marmayou, D. Poracchia, F. Rizzo, *op. cit.*, p. 549, n° 954

s'agissant de l'assimilation de psychostimulants lors de compétitions de jeux vidéo par un joueur tant que ce dernier n'est pas qualifié par le législateur de « sportif ». Or, une telle qualification ne semble pas programmée par le Parlement qui attribue en 2016 un statut propre au joueur professionnel de jeux vidéo qui « n'est donc pas un sportif »[1] et ne devrait pas le devenir de sitôt[2].

L'éventuelle intervention législative. Sans aller jusqu'à qualifier l'*esport* de sport[3], la législation relative au dopage pourrait lui être rendue applicable en qualifiant l'*esportif* de sportif – bien que cela puisse sembler incohérent. Pour ce faire, le législateur devrait modifier l'article L. 230-3, I du Code du sport. Celui-ci dispose qu'« est un sportif au sens du présent titre toute personne qui participe ou se prépare » à une manifestation sportive organisée par une fédération agréée ou autorisée par une fédération délégataire (1), à une manifestation sportive donnant lieu à une remise de prix en argent ou en nature, alors même qu'elle n'est pas organisée par une telle fédération (2) ou à une manifestation sportive internationale ou entrant dans le champ de compétence d'une organisation antidopage signataire du code mondial antidopage (3).

Proposition de réforme. La méthode la plus simple et efficace pour soumettre les *esportifs* aux règles relatives au dopage serait de modifier l'article L. 230-3, I, 2° comme suit : « I - Est un sportif au sens du présent titre toute personne qui participe ou se prépare : [...] 2° Soit à une manifestation sportive « ou à une compétition de jeux vidéo au sens de l'article L. 321-8 du code de la sécurité intérieure » donnant lieu à une remise de prix en argent ou en nature, alors même qu'elle n'est pas organisée par une fédération agréée ou autorisée par une fédération délégataire ».

---

[1] F. Buy, J.-M. Marmayou, D. Poracchia, F. Rizzo, *op. cit.*, p. 311, n° 583

[2] J. Huet, P.-X. Chomiac, « L'e-sport : pas un sport, mais une « compétition de jeux vidéo » désormais encadrée », *op. cit.*

[3] Cf infra « L'illogique qualification de « sport » par le législateur et suivants »

Si la soumission à la législation relative au dopage peut être facilement mise en œuvre, serait-elle pour autant efficace et bienvenue ? Rien n'est moins sûr[1].

Section 3 - L'inopportune soumission de l'*esport* à la législation relative au dopage

La soumission de l'*esport* aux règles du dopage est une solution de facilité qu'il convient de ne surtout pas adopter[2]. Elle participerait, sans justification, à cette inflation législative souvent décriée[3] (**§1**) et porterait une atteinte déraisonnable aux droits et libertés des joueurs (**§2**).

§1 – Un droit pénal positif suffisamment comminatoire

La mise en place de règlements par les organisateurs et éditeurs[4]. Selon certains, « à défaut de cadre légal existant en la matière, il revient aux organisateurs » de procéder aux contrôles anti-dopage et de prévoir les sanctions d'un test positif[5]. L'organisateur interdit la consommation de certaines substances dans le règlement de la compétition - véritables conditions générales de participation. Il procèdera à l'énumération des substances interdites ou renverra à la liste établie par l'Agence mondiale antidopage. Si aucune législation spéciale à l'*esport* n'a vu le jour, est-il pour autant possible d'affirmer qu'aucun cadre légal n'existe ?

---

[1] V. contrairement en Espagne où une intervention législative semble nécessaire : R. Pazos, *op. cit.*, p. 109

[2] V. en sens contraire, pour un avis favorable à la soumission de l'*esport* aux règles relatives au dopage : Ch. Dudognon, « Dopage et e-sport : Quelques aspects stratégiques et repères méthodologiques », *op. cit.*, p. 279

[3] F. Terré, N. Molfessis, Introduction générale au droit, Dalloz, coll. « Précis Dalloz », 14e éd., 2022, p. 481, n° 362

[4] Phénomène non spécifique à la France : R. Pazos, *op. cit.*, p. 100

[5] P.-X. Chomiac de Sas, *op. cit.*, p. 131 ; V. également en ce sens C. Encarnacao, *op. cit.*, p. 97

L'emploi illicite de stupéfiants. En vertu de l'article 222-37 du Code pénal, « le transport, la détention, l'offre, la cession, l'acquisition ou l'emploi illicites de stupéfiants sont punis de dix ans d'emprisonnement et de 7 500 000 euros d'amende. ». L'emploi illicite de stupéfiants est expressément réprimé par cet article. Pour que cette infraction puisse être constituée, encore faut-il que l'« *Adderall* » soit qualifié de stupéfiant. Or, l'article 222-41 du Code pénal dispose que « constituent des stupéfiants au sens des dispositions de la présente section les substances ou plantes classées comme stupéfiants en application de l'article L. 5132-7 du code de la santé publique ». Ce dernier article renvoie lui-même à une liste, établie par le directeur général de l'Agence nationale de sécurité du médicament et des produits de santé, retranscrite en annexe de l'arrêté du 22 février 1990 fixant la liste des substances classées comme stupéfiants. Or, l'« *Adderall* » est une combinaison de quatre sels d'amphétamine, douzième substance de la liste dressée par l'Annexe III de l'arrêté précité. L'« *Adderall* » est donc bien un « stupéfiant » au sens du droit français positif et son emploi illicite est sanctionné au visa de l'article 222-37 du Code pénal.

L'importation de stupéfiants. De plus, ce médicament ne peut pas être vendu légalement en France bien que des moyens soient à la disposition des Français pour se le procurer sur la toile[1]. Deux infractions semblent pouvoir être constituées de cet achat sur Internet. La plus directe est l'infraction d'importation illicite de stupéfiants. En effet, l'article 222-36 du Code pénal incrimine explicitement celle-ci et la sanctionne d'un emprisonnement de dix ans et d'une amende de 7 500 000 euros.

Le recel-profit. Plus indirectement, l'article 321-1 du Code pénal sanctionne tant le recel-détention que le recel-profit. Le premier consiste à dissimuler, détenir ou transmettre une chose dont on connait l'origine délictueuse. Le second, qui intéresse davantage la présente étude, est « le fait, en connaissance de cause, de bénéficier, par tout moyen, du produit d'un crime ou

[1] Cf infra « La responsabilité pénale du parieur »

d'un délit »[1]. Il faut donc justifier d'une infraction préalable avant de pouvoir réprimer un quelconque recel. L'auto-recel étant impossible[2], le délit principal ne peut pas résulter de l'importation illicite de stupéfiants[3] par le joueur. En revanche, le recel est envisageable lorsque l'auteur de l'infraction principale est l'association *esportive* ou l'un de ses membres – à l'exception du joueur. Ainsi de l'entraineur qui se procure les substances et les donne à ses joueurs à condition qu'ils en connaissent la provenance illicite. Doit ensuite être prouvé un profit pour le receleur. Or, le joueur, en utilisant la substance pour améliorer ses capacités et remporter la victoire ou accroître ses chances profite indubitablement de l'infraction principale.

La loi applicable. Il convient de préciser qu'en application de l'article 113-2 du Code pénal, « la loi pénale française est applicable aux infractions commises sur le territoire de la République ». Ainsi, il ne sera pas possible de condamner un joueur professionnel de jeux vidéo, au titre de l'une quelconque des incriminations retenues précédemment, s'il s'est procuré puis a assimilé la substance à l'étranger et, qui plus est, dans un État qui l'y autorise. Ces réflexions n'ont d'intérêt que parce que la présente étude vise à s'interroger sur l'état du droit positif dans un contexte politique qui souhaite promouvoir l'organisation de compétitions dans l'hexagone.

Des palliatifs insuffisants pour la scène internationale. De ces constatations, il ressort que si le droit français semble suffisant pour régir une compétition prenant place au palais omnisports de Paris-Bercy, il apparait dépassé dans un contexte mondialisé. Les problématiques autrefois soulevées pour le sport se posent désormais pour l'*esport*. « Il est bien évident que les compétiteurs doivent être soumis à un même corps de règles quel que soit le lieu de la compétition. À défaut, toute préparation

---

[1] J.-H. Robert, H. Matsopoulou, Traité de droit pénal des affaires, PUF, coll. « Droit fondamental », 2004, p. 137, n° 56

[2] Cass. crim., 13 avril 2022, n° 19-84.831, Rev. soc., n° 11, note B. Bernard, p. 622 ; Gaz. Pal. N°29, N. Catelan, p. 38 ; Gaz. Pal., n° 27, E. Dreyer, p. 42

[3] Cf supra « L'importation de stupéfiants »

physique en vue de la compétition serait impossible, en particulier si l'on songe aux matchs internationaux régulièrement organisés »[1].

Des palliatifs suffisants pour la scène *esportive* française. Ce droit pénal qualifié de palliatif est en réalité bien plus que cela. Il est plus sévère et effraie davantage le joueur que les sanctions administratives et pénales du dopage[2]. Puisque l'« *Adderall* » figure dans la liste des stupéfiants, autant saisir cette opportunité pour appliquer la législation relative à ces produits. Et si une autre substance venait à être utilisée lors des compétitions de jeux vidéo, à supposer qu'elle ne figure pas déjà sur la liste des stupéfiants – ce qui est peu probable tant la liste est longue -, il suffirait de la modifier. Cette réforme ne serait pas d'une complexité démesurée. Établie par un arrêté, elle pourra être modifiée par le pouvoir exécutif sans recourir à l'édiction d'une loi – et sans le processus parfois long de la navette parlementaire. Il apparait donc contre-productif de militer en faveur d'une application des règles relatives au dopage.

La diversité des infractions pénales sanctionnant la consommation d'« *Adderall* » lors d'une compétition de jeux vidéo illustre la suffisance du droit positif actuel[3] pour les compétitions prenant place sur le territoire français. La seule intervention opportune serait européenne ou mondiale afin d'harmoniser les régimes nationaux entre eux. Une intervention législative purement française permettant l'application à l'*esport* des règles relatives au dopage n'est pas nécessaire. Elle serait même malvenue.

---

[1] F. Buy, J.-M. Marmayou, D. Poracchia, F. Rizzo, *op. cit.*, p. 547, n° 951

[2] Cf infra « Les sanctions encourues »

[3] V. contr. Ch. Dudognon, « Dopage et e-sport : Quelques aspects stratégiques et repères méthodologiques », *op. cit.*, spéc. pp. 279 et s.

§2 - Un cumul avec le dopage attentatoire aux droits et libertés

Une substance « dopante » et « stupéfiante ». Il a été constaté que l'« *Adderall* » était à la fois qualifié de « substance ou méthode interdite » par le droit du sport[1], et de « stupéfiant » par le droit pénal spécial[2]. Cette double qualification est à l'origine d'une insécurité juridique insatisfaisante dans le domaine sportif et il convient de ne pas importer ces difficultés dans l'univers de l'*esport*. À ces deux qualifications peuvent correspondre plusieurs sanctions cumulées. Si en 2003, la Chambre criminelle de la Cour de cassation[3] a validé un cumul des condamnations pour une cession d'amphétamine sur le fondement du droit pénal et du droit du sport, le nouvel état du droit positif quant au cumul des sanctions[4] laisse planer, selon certains auteurs[5], un flou sur les solutions futures.

Les sanctions encourues. La consommation d'« *Adderall* » peut être sanctionnée tant sur le fondement du Code du sport que sur celui du Code pénal. Les sanctions encourues en vertu de ce dernier code ont déjà été précisées[6]. Elles peuvent cependant être cumulées avec les sanctions du droit du sport qui méritent une attention particulière. D'une part, en vertu de l'article L. 232-23, I du Code du sport, la commission des sanctions de l'Agence française de lutte contre le dopage peut prononcer des sanctions administratives à l'encontre des personnes ayant enfreint les dispositions de l'article L. 232-9 du même code. D'autre part, l'article L. 232-26, I du même code réprime la détention d'une

[1] Cf supra « « *Adderall* » ou « *Mydayis* » »
[2] Cf supra « L'emploi illicite de stupéfiants »
[3] Cass. crim., 25 juin 2003, n° 02-85.381 : cité dans JCP G n° 37, 10 septembre 2008. 183, étude J.-Ch. Lapouble
[4] Cass. crim., 15 décembre 2021, n° 21-81.864 : RTD com. 2022.188, note B. Bouloc ; D. 2022.154, note G. Beaussonie ; AJ pénal 2022.34, note Ch.-H. Boeringer ; Dr. pén. 2022, comm. 23, note Ph. Conte
[5] J.-Y. Maréchal, JurisClasseur Lois pénales spéciales, Fasc. 20 : Sport, 28 février 2023, n° 93
[6] Cf supra « L'emploi illicite de stupéfiants »

des substances listées par l'arrêté du 1er juillet 2021 d'un an d'emprisonnement et de 3 750€ d'amende. Or, figure dans cette liste des « stimulants » parmi lesquels l'amphétamine. La consommation d'« *Adderall* » peut donc être sanctionnée par le Code du sport. Il sera relevé qu'un avertissement, une amende d'un maximum de 45 000 euros ou encore une condamnation à un an de prison, n'ont commune mesure avec les sanctions pénales précitées. De plus, en prévoyant une double sanction pour un même fait, la législation du dopage est, à elle seule, attentatoire au principe de nécessité des délits et des peines posé à l'article 8 de la Déclaration des droits de l'Homme et du citoyen ainsi qu'au principe *non bis in idem* de l'article 4 du Protocole additionnel n° 7 à la Convention européenne de sauvegarde des droits de l'Homme – bien que les juges nationaux et internationaux ne partagent pas cet avis.

Un regrettable cumul des sanctions prévues par le Code du sport. Les sanctions para-pénales ne sont pas des peines, « si bien que la question de leur articulation ou de leur éventuel cumul avec les peines se pose[1], en particulier au regard de la règle *non bis in idem*[2], et du respect du principe de proportionnalité[3] »[4]. Cependant, le joueur ne pourra pas contester la double sanction prononcée au visa des articles L. 232-23, I et L. 232-26, I du Code du sport. Il s'agit d'un cumul entre une sanction pénale et des sanctions administratives dont le régime sévère est fixé par le Conseil constitutionnel. « Il découle du principe de nécessité des délits et des peines qu'une même personne ne peut faire l'objet de plusieurs poursuites tendant à réprimer de mêmes faits qualifiés de manière identique, par des sanctions de même nature,

---

[1] J. Chacornac, « L'articulation des répressions. Comment résoudre le problème de *non bis in idem* ? », RSC n°2, 2019, p. 333 et s.

[2] Sur ce principe, v. AJ Pénal 2015, Dossier, p. 171 et s.

[3] Le principe de proportionnalité implique que le montant global des sanctions prononcées ne dépasse pas le montant le plus élevé de l'une des sanctions encourues, Cons. const. 28 juill. 1989, n° 89-260 DC ; Cons. const. 30 déc. 1997, n° 97-935 DC ; Cons. const. 20 juill. 2012, n° 12-266 QPC ; Cons. const. 27 sept. 2013, n° 2013-341 QPC ; Cons. const. 13 mars 2014, n° 2014-690 DC

[4] X. Pin, Droit pénal général, Dalloz, coll. « Cours Dalloz », 14e éd., 2023, p. 443, n° 393

aux fins de protéger les mêmes intérêts sociaux. »[1]. Il n'est porté atteinte au principe *non bis in idem* que lorsque ces trois conditions sont cumulativement réunies. À défaut, il est vain de s'en prévaloir. Or, l'une des trois identités fait nécessairement défaut en l'espèce. S'agissant de la qualification des faits, si la sanction administrative est prononcée en cas d'usage ou tentative d'usage, la sanction pénale est quant à elle prononcée en cas de détention. Une interprétation stricte des textes permettrait d'affirmer que les qualifications sont différentes bien que l'« usage » exige la « détention ». S'agissant des intérêts sociaux protégés, il ne fait ici aucun doute qu'ils sont identiques. Les deux sanctions visent à assurer la protection de la santé publique[2] ainsi que la garantie de l'intégrité de la compétition. En revanche, les sanctions sont de natures différentes. Il apparait donc vain de soulever ce moyen. L'avertissement et la suspension du droit de participer à une compétition prévus par l'article L. 232-23, I du Code du sport ne sont pas assimilables à l'amende et à la peine d'emprisonnement de l'article L. 232-26, I du même code. Malheureusement pour le joueur – et pour le respect des droits fondamentaux -, en consommant ce psychostimulant, il le détient nécessairement et pourra, donc, être condamné deux fois pour les mêmes faits. En revanche, lorsqu'une sanction pécuniaire sera prononcée sur le fondement de l'article L. 232-23, I précité, il pourrait être envisagé de contester celle-ci, à condition toutefois de démontrer l'identité de qualification des faits. Si le cumul est maintenu, le principe de proportionnalité limitera le montant de l'amende[3].

Un déplorable cumul de la sanction administrative du Code du sport avec la sanction du Code pénal. Le raisonnement est le même puisqu'est contesté, là encore, un cumul entre une sanction administrative et une sanction pénale,

---

[1] Cons. const., décision n° 2022-988 QPC, 8 avril 2022, *M. Roland B.*, §7

[2] B. Depierre, Rapport n° 818 fait au nom de la commission des affaires culturelles, familiales et sociales sur le projet de loi n° 773 relatif à la lutte contre le trafic de produits dopants, Assemblée nationale, 16 avril 2008, p. 30

[3] Cass. crim. 25 juin 2014, n° 13-87.692, QPC. : Dr. pénal 2014, comm. n° 122, obs. V. Peltier

bien qu'elles se situent cette fois dans des codes distincts. S'agissant de la qualification, elle est différente. Le Code pénal sanctionne la détention ou l'emploi illicites de « stupéfiants » tandis que le Code du sport sanctionne l'usage ou la détention d'une des « substances ou méthodes interdites ». Juridiquement, les substances visées ne sont pas les mêmes et figurent dans des listes différentes. Les stupéfiants sont répertoriés par l'Annexe III de l'arrêté du 22 février 1990 fixant la liste des substances classées comme stupéfiants tandis que les substances dopantes sont listées par un arrêté du 1er juillet 2021. De plus, le dopage du Code du sport ne vise que les « sportifs » tandis que l'emploi illicite de stupéfiants du Code pénal ne distingue pas parmi les auteurs potentiels. Quant à la nature des sanctions, elle est également différente. Le Code pénal sanctionne de dix ans d'emprisonnement et de 7 500 000 euros d'amende tandis que le Code du sport prévoit des sanctions administratives diverses - avertissement, suspension temporaire ou définitive de participer à une compétition - pouvant être complétées par une sanction pécuniaire facultative d'un montant ne pouvant excéder 45 000 euros. Le Conseil constitutionnel refusera de considérer l'identité de nature des sanctions[1]. Bien que les critères soient cumulatifs et qu'il apparait, d'ores et déjà, inutile de se prévaloir du principe *non bis in idem*, la poursuite du raisonnement permet d'illustrer la complexité de celui-ci. S'agissant donc finalement des intérêts sociaux protégés, la sanction du dopage par le Code du sport vise à garantir l'intégrité de la compétition ainsi qu'à protéger la santé publique[2]. La sanction de l'emploi illicite de stupéfiants par le Code pénal vise, quant à elle, à garantir la sécurité publique, la santé publique ainsi que la lutte contre le blanchiment d'argent et le financement du terrorisme. La Cour de cassation a, d'ores et déjà, affirmé que malgré la protection commune de la santé publique, les intérêts sociaux protégés par les deux corps de règles sont, pris globalement, différents[3]. Une fois de plus, aucune méconnaissance du principe *non bis in idem* ne saurait

[1] Cons. const., décision n° 2021-953 QPC, 3 décembre 2021, *Sct Spécitubes*
[2] B. Depierre, Rapport n° 818 *op. cit.*, p. 30
[3] Cass. crim., 25 juin 2003, n° 02-85.381 : *préc.*

être soulevée pour contester ce qui s'apparente pourtant bien à une double peine.

L'éventuelle contestation du cumul des sanctions pénales. En revanche, l'interdiction du cumul des sanctions pourrait trouver application dans le cadre d'un cumul des sanctions pénales. Il doit être rappelé que le Code du sport prévoit une sanction pénale en cas de détention d'une substance « dopante ». Substance dopante qui peut simultanément être un « stupéfiant » dont la détention est sanctionnée par le Code pénal. Le premier code punit d'un an d'emprisonnement et de 3 750 euros d'amende tandis que le second prévoit une sanction de dix ans d'emprisonnement et de 7 500 000 euros d'amende. En droit positif[1], le cumul de sanctions pénales est devenu le principe et les exceptions sont limitativement énumérées. Elles sont au nombre de trois et sont alternatives. Le principe *non bis in idem* s'oppose à un cumul des sanctions lorsque les qualifications sont exclusives l'une de l'autre. Ce n'est malheureusement pas le cas en l'espèce. En effet, cette situation vise les qualifications alternatives ou incompatibles « comme celles d'homicide par imprudence et de meurtre »[2]. La deuxième exception tient à l'absorption d'une qualification par l'autre. Or, en l'espèce, la sanction du Code pénal semble absorber celle du Code du sport. En effet, la sanction pénale du dopage prévue à l'article L. 232-26 du Code du sport consiste en la « détention » d'une substance interdite tandis que l'article 222-37 du Code pénal sanctionne la détention mais également l'« emploi » illicite de stupéfiants. Or, pour employer, il faut nécessairement détenir. L'infraction du Code pénal englobe l'élément matériel de l'infraction du Code du sport. Enfin, *non bis in idem* empêche le cumul entre une qualification spéciale et une qualification générale. Or, en l'espèce, la qualification de dopage est une qualification spéciale qui prévaut sur la qualification d'emploi illicite de stupéfiants. En effet, l'article L. 232-9, I du Code du sport sanctionne

---

[1] Cass. crim., 15 décembre 2021, n° 21-81.864 : *préc.*

[2] Exemple donné par la chambre criminelle dans sa note explicative de l'arrêt (p. 6) : Ph. Conte, « Non bis in idem : exercice d'analyse d'où il résulte que le droit n'est pas la mathématique », Dr. pén. n°3, mars 2022, dossier 3

l'emploi de substances par un « sportif » tandis que l'emploi illicite de stupéfiants n'est pas restreint au monde sportif et tout individu peut être auteur de l'infraction. Le juge choisira alors, par pur opportunité, l'infraction sur laquelle il souhaite fonder sa décision. Il pourra décider de sanctionner au visa du Code pénal en arguant d'une qualification absorbante ou au visa du Code du sport en se prévalant du caractère spécial de ce dernier. S'il désire sanctionner gravement l'individu, il optera pour l'infraction d'emploi illicite de stupéfiants. Ce libre arbitre laissé au juge est regrettable puisqu'il porte atteinte à la prévisibilité du droit et à l'égalité des justiciables face à la loi pénale. La sanction dépendra du juge qui statuera. De plus, un doute subsiste. Une étude plus précise des textes permet de constater que ces deux articles ne visent pas, en théorie, les mêmes substances. Comme évoqué précédemment[1], l'article L. 232-26 du Code du sport renvoie à la liste des « substances et méthodes interdites » de l'arrêté du 1er juillet 2021 tandis que l'article 222-37 du Code pénal renvoie à la liste des « stupéfiants » établie par l'Annexe III de l'arrêté du 22 février 1990 fixant la liste des substances classées comme stupéfiants. Les juges pourraient être tentés de refuser une quelconque absorption d'une infraction par l'autre ou la qualification d'« infraction spéciale » par rapport à une qualification générale puisque les incriminations ne visent pas, en droit, les mêmes produits bien que l'amphétamine soit, en fait, visée par les deux listes. Cette interprétation littérale – voire bornée – serait confortée par un principe essentiel en la matière, celui de l'interprétation stricte du droit pénal de l'article 111-4.

Le constat. Les précédents développements mettent en lumière les atteintes – non assumées - au principe *non bis in idem* en matière sportive et le peu de chances de succès pour un sportif de s'en prévaloir. Si, selon la Cour de cassation et le Conseil constitutionnel, les cumuls évoqués ne portent pas une atteinte suffisamment grave aux droits des justiciables pour être contestés, il n'en demeure pas moins que l'état du droit questionne et inquiète. La volonté d'assimiler l'*esport* au sport

---

[1] Cf supra « Un déplorable cumul de la sanction administrative du Code du sport avec la sanction du Code pénal »

traditionnel ne doit pas guider aveuglément. La soumission à un corps de règles plutôt qu'à un autre n'est pas un choix anodin et a des conséquences. Lorsqu'un régime est défaillant, il convient de le restreindre et non l'étendre en l'appliquant à de nouvelles industries. En refusant de soumettre l'*esport* à la législation relative au dopage, ces problématiques d'articulation des sanctions seront purement et simplement écartées de ce nouveau secteur d'activité et le joueur compétitif de jeux vidéo ne se verra pas lésé dans ses droits. Lui permettre d'échapper au cumul des sanctions n'est pas pour autant une faveur démesurée. L'emprisonnement d'une dizaine d'année et l'amende d'un montant de 7 500 000 euros prévus par l'article 222-37 du Code pénal sont des sanctions suffisamment conséquentes à elles-seules.

Si la qualification de « sport » ne semble pas opportune pour l'encadrement de la consommation de substances dites dopantes, elle pourrait en revanche l'être pour appliquer à l'*esport* l'incrimination de corruption lors de manifestations sportives ainsi que la législation sur les paris sportifs et leur promotion.

Titre 2

Le contentieux des résultats

Une compétition *esportive* s'achève par l'annonce des résultats. Celle-ci a deux incidences immédiates : la remise du prix au sportif que les résultats désignent comme vainqueur ainsi que l'octroi d'une récompense à ceux qui avaient parié sur sa victoire.

Ces deux conséquences sont génératrices de contentieux. L'appât du *cash prize* pourrait pousser certains joueurs à fausser les résultats[1] en manipulant l'arbitre (**Chapitre 1**) tandis que l'appât des gains issus des paris peut également inciter à des comportements illicites (**Chapitre 2**).

---

[1] V. une thèse publiée très récemment (30 mai 2023) sur la manipulation dans le domaine sportif : C. Cathelain-Collon, La manipulation des compétitions sportives : Essai de conceptualisation et encadrement juridique en droit français », préface D. Poracchia, PUAM, coll. « Centre de droit du sport », 2023

Chapitre 1
La sanction par le droit pénal positif de la manipulation de l'arbitre

Si la diversité des actes par lesquels le joueur peut tenter d'améliorer artificiellement sa prestation a pu être appréciée, il peut également tenter d'agir sur le résultat directement[1]. L'acte litigieux ne sera pas commis sur soi-même mais sur l'arbitre. Là encore, le droit pénal positif apparait suffisant que la manipulation vise un arbitre de fait (**Section 1**) ou de droit (**Section 2**).

Section 1 - La manipulation de l'arbitre de fait

Les menaces et intimidations. Un joueur inconscient et aveuglé par l'appât du gain pourrait en venir à menacer l'arbitre de violences si ce dernier ne lui octroyait pas la victoire. Il s'agirait cependant d'une très mauvaise idée. En effet, la menace de commettre un crime ou un délit contre les personnes peut être constitutif d'une contravention ou d'un délit. Les articles 222-17, 222-18 et R. 623-1 du Code pénal incriminent ces intimidations. Cependant, l'article 222-17 du Code pénal réprime la menace de commettre un crime ou un délit dont la tentative est punissable. Or, l'article 121-4 du Code pénal précise que, s'agissant des délits, la tentative n'est punissable que lorsque la loi le prévoit. Contrairement à la tentative de crime toujours punissable, celle de contravention « ne l'est jamais en principe »[2]. « Sont donc exclues du domaine d'application de l'infraction les menaces de commettre des violences délictuelles dont la tentative n'est pas

[1] V. dans le domaine du sport : G. Rabu, « La convention de Macolin rendue applicable », Comm. com. électr. 2019, chron. 11, n° 4, p. 3 ; J. Jehl, « Manipulations de compétitions sportives : entrée en vigueur de la convention de Macolin », JCP G 2019, 678

[2] B. Bouloc, Droit pénal général, Dalloz, coll. « Précis Dalloz », 27e éd., 2021, p. 257, n° 271

réprimée »[1]. Or, parmi les violences des articles 222-7 et suivants du Code pénal, celles qui pourraient vraisemblablement être rencontrées dans le cadre d'une compétition de jeux vidéo ne voient pas leurs tentatives incriminées par le législateur. Il conviendrait donc de se tourner vers la contravention de l'article R. 623-1 précitée qui sanctionne la même menace mais sans condition tenant à la répression de la tentative. À cette contravention sera cependant préférée l'incrimination de l'article 222-18 qui trouve dans l'*esport* un terrain de jeu idéal. Semblable à l'article R. 623-1, cette disposition n'impose pas que la menace porte sur un crime ou délit dont la tentative est punissable. Mais à la différence des deux articles précités, il n'est pas non plus nécessaire que la menace soit réitérée ou matérialisée. Le seul élément matériel est « l'ordre de remplir une condition » qui peut « consister à imposer à la personne menacée soit d'accomplir un acte positif, soit de s'en abstenir »[2]. Ainsi, négativement, de l'arbitre qui s'abstient de relever des fautes commises par le joueur ou, positivement, de l'arbitre qui invente des fautes commises par son adversaire. Semble constituer un tel délit le fait, pour un joueur, de menacer l'arbitre des violences des articles 222-7 et suivants du Code pénal en cas de défaite. Le joueur malhonnête sera sanctionné d'un emprisonnement de cinq ans et d'une amende de 75 000 euros. La commission d'une telle infraction par le club *esportif* donnera lieu à sa condamnation, par application des articles 121-2 et 222-18-2, à des peines complémentaires.

Les moyens de l'extorsion et du chantage. La menace peut également être l'élément matériel d'infractions encore plus graves parmi lesquelles l'extorsion ou le chantage. Ces deux infractions sont suffisamment proches pour mériter un traitement conjoint. Alors que l'extorsion de l'article 312-1 du Code pénal sanctionne de sept ans d'emprisonnement et de 100 000 euros d'amende le fait d'obtenir un avantage indu par menace, le chantage de l'article 312-10 sanctionne de cinq ans

---

[1] A. Lepage, H. Matsopoulou, Droit pénal spécial, PUF, coll. « Thémis Droit », 2015, p. 98, n° 156

[2] *Ibid.*, p. 101, n° 160

d'emprisonnement et de 75 000 euros d'amende le fait d'obtenir ledit avantage « en menaçant de révéler ou d'imputer des faits de nature à porter atteinte à l'honneur ou à la considération ». Si le moyen est différent, il peut reposer dans les deux cas en une menace. De telles infractions peuvent-elles survenir dans le milieu *esportif* ? Si elles ne sont pas impossibles, elles illustrent cependant un stade avancé de vice et ne devraient être qu'anecdotiques. La menace de violences prévue par l'extorsion ne mérite pas davantage de développements[1]. En revanche, la menace, élément matériel du chantage, est davantage spécifique et ne pourrait intervenir lors d'une compétition de jeux vidéo que dans une probabilité encore plus faible. La menace du délit de chantage est à rapprocher d'un délit de presse. Le maître chanteur menace de commettre une diffamation[2], telle que définie par l'article 29 de la loi du 29 juillet 1881 sur la liberté de la presse, c'est-à-dire d'imputer à une personne un fait déterminé de nature à porter atteinte à son honneur ou à sa considération[3] que ce fait soit vrai ou faux[4]. Dès lors que les révélations ou fausses allégations ne portent pas atteinte à l'honneur et à la considération de l'arbitre, l'infraction consommée sera une tentative d'extorsion[5]. Si la consommation d'un tel délit devrait s'avérer rare c'est car elle suppose que le joueur ait connaissance d'un fait que l'arbitre tente de dissimuler. Il faudrait donc que le joueur soit suffisamment proche de l'arbitre pour connaître des éléments de sa vie privée[6] ou des faits délictueux dont peu de gens ont connaissance[7].

---

[1] Cf supra « Les menaces et intimidations »
[2] Ch. Soulard, D. Chauchis, JurisClasseur Pénal Code, Fasc. 20 : Extorsion. Chantage. Demande de fonds sous contrainte, 15 mai 2018, n° 52
[3] É. Garçon, Code pénal annoté, Sirey, 2e éd., par M. Rousselet, M. Patin et M. Ancel, 1953, art. 400, n° 34
[4] Ch. Soulard, D. Chauchis, JurisClasseur Pénal Code, Fasc. 20, *op. cit.*, n° 56
[5] CA Rennes, 28 janvier 2000, n° 97/01632
[6] Cass. crim., 28 janvier 2015, n° 14-81.610 : Bull. crim. n° 23 ; Dr. pén. 2015, comm. 31, obs. M. Véron
[7] Cass. crim., 8 novembre 2011, n° 10-82.021 : Dr. pén. 2012, comm. 18, obs. M. Véron

Le résultat de l'extorsion et du chantage. Si le moyen de consommer ces délits peut être différent, les deux infractions mènent cependant au même résultat : obtenir « soit une signature, un engagement ou une renonciation, soit la révélation d'un secret, soit la remise de fonds, de valeurs ou d'un bien quelconque ». Auquel de ces résultats pourrait être assimilée l'attribution d'une victoire ou la complaisance de l'arbitre face aux fautes réalisées par le maître-chanteur ? Il ne pourrait vraisemblablement s'agir de la signature d'un écrit. En effet, le joueur serait bien maladroit d'établir par écrit un acte pouvant par la suite servir de preuve de la machination. De plus, un tel acte ne pourrait valoir engagement dès lors que, contraire aux bonnes mœurs, il serait frappé de nullité absolue par application de l'article 6 du Code civil. Cette nullité absolue pourra être soulevée par toute personne intéressée[1] et d'office par le tribunal lui-même[2]. La révélation d'un secret ne trouve aucune application au cas d'une compétition de jeux vidéo. La remise de fonds, de valeurs ou d'un bien quelconque n'est pas non plus le résultat escompté. En effet, ce n'est pas l'arbitre qui attribue le gain final mais l'organisateur de la compétition. L'arbitre ne fait que déterminer qui est le gagnant mais est dans l'incapacité de fournir le prix lui-même. Reste finalement le chantage ou l'extorsion d'un engagement ou d'une renonciation. Cette extorsion « vise non seulement les actes écrits qui emportent des conséquences pécuniaires [...] mais également les engagements non écrits ou à caractère non patrimonial »[3]. Ce sont ces derniers engagements qui intéressent la présente étude. Pouvant porter « aussi bien sur un acte positif que sur une abstention »[4], l'extorsion a pu être qualifiée dès lors que le résultat recherché était la renonciation par un inspecteur du travail à établir un procès-verbal[5]. Ainsi, menacer un arbitre pour que celui-ci s'engage verbalement à ne pas relever les fautes du joueur et ne

---

[1] Cass. com., 1er mars 1983, n° 81-14.640

[2] TGI Paris, 8 novembre 1973 : D. 1975. 401, note M. Puech

[3] Ch. Soulard, D. Chauchis, JurisClasseur Pénal Code, Fasc. 20, *op. cit.*, n° 12

[4] A. Lepage, P. Maistre du Chambon, R. Salomon, *op. cit.*, p. 34, n° 105

[5] Cass. crim., 9 janvier 1991 : Bull. crim. 1991, n° 17 ; RSC 1992, 323, obs. P. Bouzat

pas lui ôter de points constitue une escroquerie ou un chantage selon le type de menace[1].

La pratique *esportive* met progressivement en place un véritable système d'arbitrage similaire à celui existant en matière sportive[2]. Là encore, le phénomène de mimétisme peut avoir pour conséquence une réduction des sanctions et, par conséquent, de leur efficacité. Cependant, ce phénomène est moins flagrant qu'en matière de dopage[3] dès lors que les sanctions propres aux menaces sur des arbitres restent autant comminatoires que celles sur des individus quelconques.

Section 2 - La manipulation de l'arbitre de droit

Les menaces sur un arbitre. En vertu de l'article 434-8 du Code pénal, « toute menace ou tout acte d'intimidation commis envers [...] un arbitre [...] en vue d'influencer son comportement dans l'exercice de ses fonctions » est un délit puni de trois ans d'emprisonnement et de 45 000 euros d'amende. Il est évident que la menace visant à attribuer la victoire à un joueur plutôt qu'à un autre « influence » le comportement de l'arbitre. Une telle répression suppose cependant ladite qualification d'« arbitre ».

La qualification d'« arbitre ». L'arbitre est défini comme la « personne investie par une convention d'arbitrage de la mission de trancher un litige déterminé et qui exerce ainsi, en vertu d'une investiture conventionnelle, un pouvoir juridictionnel »[4]. L'arbitrage est ainsi « une justice privée dont l'origine est normalement conventionnelle »[5]. Spécialement, en matière sportive, il consiste à mettre un terme à « toute suspicion

---

[1] Cf supra « Les moyens de l'extorsion et du chantage »

[2] Th. Arnold, J. Dubarry, A. Constans, « Arbitrage – L'arbitrage de l'E-Sport : It's in the Game ! », Journal de l'arbitrage de l'Université de Versailles, n° 1, Janvier 2019, étude 6

[3] Cf supra Section 3 - L'inopportune soumission de l'*esport* à la législation relative au dopage

[4] G. Cornu et l'Association Henri Capitant, Vocabulaire juridique, *op. cit.*, p. 78

[5] H. Motulsky, Écrits, t. 2, Études et notes sur l'arbitrage, Dalloz, 1974, p. 6

afférente au résultat d'une compétition »[1]. Sont donc des arbitres les « personnes spécialement habilitées à cet effet et physiquement présentes sur l'aire de jeu au moment où y est organisée une épreuve sportive, consistant essentiellement à en contrôler le bon déroulement, notamment en vérifiant que les participants respectent les règles du sport concerné et, le cas échéant, en prenant dans l'instant les mesures qu'implique leur violation »[2]. Cependant, l'arbitre sportif n'est pas un arbitre à part entière tant il « n'exerce pas de fonction juridictionnelle au sens matériel » et n'intervient que rarement sur saisine des compétiteurs[3]. De plus, un autre type d'arbitres peut intervenir. En effet, les éditeurs renvoient régulièrement aux conditions générales d'utilisation (CGU) du jeu vidéo par le « contrat de licence utilisateur final » (CLUF). Or, ces contrats autorisant les compétitions sur ledit jeu vidéo contiennent souvent une clause d'arbitrage pour le règlement des différends[4]. Ce renvoi par le CLUF aux CGU n'invalide pas la clause compromissoire à l'égard de l'*esportif* ou du club, tous professionnels[5]. Ainsi, lorsque la compétition prévoit contractuellement le règlement des litiges par l'arbitrage commercial, la menace de l'article 434-8 pourra être réprimée.

Les conséquences de cette qualification. Outre l'application de l'article 434-8 précité[6], la qualification d'arbitre implique d'autres conséquences. Qui dit arbitre, dit arbitrage. Celui-ci permet un « véritable traitement juridictionnel du litige »[7] dont la nature n'est pas incompatible avec ce mode de règlement des conflits par application de l'article 2059 du Code civil. Ne répondent pas à cette condition d'« arbitrabilité » les « litiges qui

---

[1] F. Buy, J.-M. Marmayou, D. Poracchia, F. Rizzo, *op. cit.*, p. 409, n° 744

[2] M. Maisonneuve, L'arbitrage des litiges sportifs, préface M. Degoffe et L. Richer, LGDJ, coll. « Bibl. dr. public », t. 267, 2011, p. 1, n° 1

[3] *Ibid.*, p. 3, n° 5

[4] Th. Arnold, J. Dubarry, A. Constans, « Arbitrage – L'arbitrage de l'E-Sport : It's in the Game ! », *op. cit.*

[5] Cass. civ 2e, 5 mai 1991, Rev. arb., 1992.66, note B. Ancel

[6] Cf supra « Les menaces sur un arbitre »

[7] F. Buy, J.-M. Marmayou, D. Poracchia, F. Rizzo, *op. cit.*, p. 198, n° 348

pourraient relever du droit pénal »[1]. L'arbitre ne va donc pas sanctionner les menaces dont il est lui-même victime. Il devra saisir un juge pénal étatique comme n'importe quelle victime. En revanche, l'existence d'un système d'arbitrage a des conséquences procédurales conséquentes pour les autres joueurs qui souhaiteraient contester les décisions de l'arbitre qu'ils savent biaisées par la crainte. De plus, doit-être évoquée la difficile qualification de l'arbitrage. Est-il un arbitrage sportif ou commercial ?

La contestation des décisions prises par l'arbitre sportif. S'il est un arbitrage sportif, les recours pour excès de pouvoir devant le juge administratif sont en principe irrecevables[2] - certainement car l'appréciation des performances des participants s'apparente à une mesure d'ordre intérieur[3]. En revanche, dès lors que l'arbitre porte atteinte à l'égalité de traitement des sportifs « en raison d'une mise en œuvre irrégulière de la norme fédérale ou d'une erreur dans le choix de la règle sportive applicable »[4], le juge administratif sera reconnu compétent[5]. Au contraire des fédérations sportives auxquelles on reconnait des prérogatives de puissance publique[6], les associations *esportive* ne se voient pas attribuer de telles missions de service public administratif[7]. Dès lors, le contentieux relatif à

---

[1] *Ibid.*, p. 199, n° 351

[2] B. Foucher, « Les litiges sportifs et le juge administratif », in *Mél. Labetoulle*, Dalloz, 2007, p. 361

[3] J. Waline, Droit administratif, Dalloz, coll. « Précis Dalloz », 28e éd., 2020, pp. 451 - 454, n° 427

[4] F. Buy, J.-M. Marmayou, D. Poracchia, F. Rizzo, *op. cit.*, p. 539, n° 943

[5] CE, 25 janvier 1991, n° 104.497, *Vigier*, Lebon, p. 29 ; AJDA 1991, p . 391, concl. Leroy ; CE, 27 janvier 1997, n° 135.964, *Comité départemental du Vaucluse de pétanque et de jeu provençal*, Dict. perm. dr. sport, Bull. n° 66, p. 7917 ; Trib. arb. sport, 15 novembre 1993, n° 93/103, *SC Langnau c/ Ligue suisse de Hockey sur glace*, Rec. TAS, p. 307 ; Trib. arb. sport, 1er août 1996, *M c/ Association internationale de boxe amateur*, Rec TAS, p. 409 ; JDI 2001, p. 268, note G. Simon

[6] CE, 22 novembre 1974, n° 88-828, *FIFAS*, Lebon, p. 577 ; CE, 26 novembre 1976, n° 95-262, *FFC*, Lebon, p. 513

[7] V. Molho, J.-B. Guillot, « L'e-sport : véritable discipline sportive ? », JCP E n° 41, 13 octobre 2016, n° 1537, p. 24

l'homologation des résultats par les fédérations, véritables décisions administratives, ne s'applique pas aux compétitions de jeux vidéo. Ainsi, lorsque l'arbitre *esportif* sera assimilé à l'arbitre sportif – à supposer qu'il le soit un jour -, sa manipulation par un joueur pourra avoir une double conséquence. D'une part, le joueur engagera sa responsabilité pénale au titre de l'article 434-8 du Code pénal[1]. D'autre part, ses manœuvres seront privées d'efficacité par le juge administratif puisque le recours en contrôle de cette atteinte grave à « l'égalité de traitement des sportifs » sera déclaré recevable.

La contestation des décisions prises par l'arbitre commercial. En revanche, s'il s'agit d'un arbitrage commercial classique le juge compétent pour connaitre d'une contestation sera le juge judiciaire. Pour garantir l'efficacité de l'arbitrage conventionnel, le Code de procédure civile limite les cas d'ouverture d'un recours. Par application des articles 1489 et 1491 dudit code, la sentence peut faire l'objet d'un recours en annulation sauf lorsque les parties ont conventionnellement prévu qu'un appel était ouvert[2]. Il convient cependant de préciser que l'appel est « à la fois une voie de réformation et d'annulation »[3]. Consentir à l'appel exclut le « recours en annulation » mais n'exclut pas la faculté d'annuler la sentence arbitrale par la voie de l'appel. Le juge compétent sera la cour d'appel dans le ressort de laquelle la sentence arbitrale a été rendue et ce recours, effectué dans un délai d'un mois à compter de la notification de la sentence, est suspensif par application des articles 1494 et 1496 du Code de procédure civile. L'article 1495 du même Code soumet ce recours aux règles de la procédure contentieuse devant la cour d'appel, posées aux articles 900 à 930-1 du Code précité. L'appel contre la décision arbitrale n'est possible que si celle-ci constitue une véritable sentence –

---

[1] Cf supra « Les menaces sur un arbitre »

[2] CA Paris, 26 mai 1987 : Rev. arb. 1987, p. 509, note Jarrosson ; CA Paris, 13 juillet 1990 : Rev arb. 1991, p. 361 ; Cass. civ 1ère, 14 mars 2006, n° 03-18.801 : Rev. arb. 2007, p. 71

[3] É. Loquin, JurisClasseur Procédure civile, Fasc. 1800-72 : Arbitrage. La décision arbitrale – Voies de recours, 29 juillet 2020, n° 14

tranchant de manière définitive le litige[1] ou proposant une conciliation[2] - et non une transaction[3]. Ainsi de la décision de l'arbitre qui détermine lequel des joueurs a remporté le plus de points, lequel des joueurs a éventuellement commis une faute, etc… Parmi les six cas d'ouverture d'un recours en annulation prévus par l'article 1492 du Code de procédure civile, l'irrégularité de la constitution du tribunal semble pouvoir être soulevée en l'espèce. En effet, si l'arbitre statue dans un sens, attribue des points à un joueur ou ne lui en retire pas alors qu'il le devrait, et cela en raison des menaces dont il est victime, son adversaire - partie à l'arbitrage et donc recevable à exercer un recours - pourra se prévaloir d'un manque d'indépendance de l'arbitre. Cette indépendance de l'arbitre « est de l'essence de sa fonction juridictionnelle »[4]. En découle une obligation pour celui-ci de « révéler toute circonstance susceptible d'affecter son indépendance ou son impartialité » tant survenue avant qu'après avoir accepté sa mission par application de l'article 1456 du Code de procédure civile. Le manquement de l'arbitre à son obligation de révélation est une cause autonome d'annulation de la sentence et « est synonyme de défaut d'indépendance et d'impartialité »[5] sans même que le juge n'ait à se prononcer sur la réalité de la dépendance[6], celle-ci ne faisant, de toute manière, aucun doute dans le cas de menaces. En vertu de l'article 1493 du même code, la cour d'appel statuera sur le fond « dans les limites de la mission de l'arbitre » après avoir annulé la sentence et pourra ôter ou attribuer des points au joueur, ce qu'aurait dû faire un arbitre indépendant. Le droit pénal sanctionnera le joueur et la procédure civile privera le stratagème de toute utilité.

---

[1] CA Paris, 25 mars 1994 : Rev. arb.. 1994, p. 391, note Ch. Jarrosson ; RTD com. 1994, p. 483, obs. Dubarry et E. Loquin

[2] CA Paris, 23 mars 1989 : Rev. arb. 1990, p. 731

[3] Cass. civ 2e, 7 octobre 1981 : Rev. arb. 1984, p. 361

[4] CA Paris, 2 juin 1989, Rev. arb., 1991.87 ; CA Paris, 23 février 1999, RTD com., 1999.371, note . É. Loquin

[5] M. de Fontmichel, Le faible et l'arbitrage, préface Th. Clay, Économica, coll. « Recherches Juridiques », 2013, p. 346, n° 632

[6] CA Reims, 2 novembre 2011, RG n° 10/02888

Si les menaces, l'extorsion ou le chantage sont sanctionnés par le droit pénal positif et privés d'effet par un recours administratif ou un recours en annulation devant le juge judiciaire, l'infraction de corruption mérite, quant à elle, une attention particulière. En effet, l'acte de corruption est l'élément matériel de plusieurs délits dont l'application aux compétitions de jeux vidéo pourrait nécessiter une intervention législative. C'est notamment le cas de la corruption d'un acteur d'une manifestation sportive « donnant lieu à des paris ». Pour qu'un tel délit puisse être consommé lors d'une compétition *esportive*, encore faut-il que le législateur autorise la prise de paris ou modifie la rédaction des articles 445-1-1 et 445-2-1 du Code pénal.

Chapitre 2
La problématique des paris sur les résultats

De l'interdiction actuelle de parier lors des compétitions de jeux vidéo découle deux conséquences majeures. D'une part, le délit de « corruption de paris sportifs » est inapplicable (**Section 1**). D'autre part, la promotion de tels paris engage la responsabilité pénale du joueur « influenceur » (**Section 2**).

Section 1 - La difficile répression des manipulations de résultats

La pratique du *match fixing* est la seule qui pousse l'étude à admettre des lacunes du droit positif (**§2**) suffisamment fâcheuses pour reconnaitre l'utilité d'une intervention législative spéciale (**§1**)

§1 – L'éventuelle intervention législative

Si une intervention législative peut paraître la bienvenue, c'est car une infraction pénale est inapplicable à l'*esport* en l'état actuel des textes (**I**) sans qu'une assimilation au sport traditionnel par le juge ne soit envisageable (**II**).

I – Une infraction pénale inapplicable

La pratique du *match fixing*. Le concept du « *match fixing* » est simple. Un ou plusieurs joueurs d'une équipe vont perdre volontairement la partie. En théorie, pourrait même être envisagée une action de concert entre les deux équipes qui s'affrontent visant à déterminer laquelle des deux remportera la victoire[1]. Pourquoi truquer ainsi l'issue du match ? Car les

[1] J. Yan, ''How does match-fixing inform computer game security ?'', in *Security Protocols XXVI*, 26th International Workshop, V. Matyáš,

proches des joueurs ont parié sur celle-ci[1]. Ainsi du conjoint d'un joueur qui parie sur la victoire de l'équipe adverse car son partenaire lui aura indiqué tout mettre en œuvre pour perdre. En effet, le joueur n'est jamais sûr de gagner face à ses adversaires. Il n'est donc pas sûr de remporter le *cash prize*. En revanche, le joueur exerce davantage de contrôle sur la qualité de sa propre prestation et peut faire en sorte de perdre. La probabilité de remporter le gain correspondant aux paris effectués par ses proches sur la victoire de l'équipe adverse est alors plus élevée que celle de remporter soi-même la victoire. Une telle pratique existe dans le sport traditionnel, sans que cela ne soit une spécificité française[2], et a été mise en lumière en 2012 par l'« affaire des paris truqués » lors d'une rencontre entre les équipes rennaise et montpelliéraine de handball. Les proches des joueurs de la seconde équipe, parmi lesquels les frères Karabatic, ont parié pour la victoire de l'équipe bretonne. Il ne s'agissait pas d'un simple manque de confiance de la part de leurs proches mais d'une véritable collusion frauduleuse condamnée par le tribunal puis par la cour d'appel de Montpellier au visa de l'article 313-1 du Code pénal[3]. Dans les pays où les paris *esportifs* sont autorisés, cette pratique est répandue[4]. En France, si le législateur venait à autoriser les paris, la pratique du *match fixing* serait sanctionnée sur le fondement de la « corruption de paris sportifs ». Dans l'attente d'une telle réforme, ce texte

---

P. Švenda, F. Stajano, B. Christianson et J. Anderson (éd.), Cambridge, UK, March 19 – 21, 2018, Revised Selected Papers, pp. 166 - 170

[1] ARJEL, « Préserver l'intégrité et la sincérité des compétitions sportives face au développement des paris sportifs en ligne », Rapport au ministre des Sports, La Documentation française, 17 mars 2011, n° 14 et s.

[2] La France n'est d'ailleurs pas pionnière dans la réglementation des paris truqués : E. Berdoati, Rapport sur la proposition de loi visant à renforcer l'éthique du sport et les droits des sportifs, Assemblée nationale, n° 4158, www.assemblee-nationale.fr/13/rapports/r4158.asp

[3] Anonyme, "Paris truqués en handball : les frères Karabatic condamnés à deux mois de prison avec sursis", in *Le Monde*, 1er février 2017, https://www.lemonde.fr/police-justice/article/2017/02/01/affaire-des-paris-truques-en-handball-les-freres-karabatic-condamnes-a-deux-mois-de-prison-avec-sursis_5072818_1653578.html (consulté le 28 mai 2023)

[4] LSRcs-, "Le plus grand scandale dans l'Esport", 20 avril 2023, https://www.youtube.com/watch?v=UyhcOC5-AOU&t=2s, à partir de la 80e seconde de la vidéo (consulté le 28 mai 2023)

d'incrimination ne peut pas être mobilisé et le *match fixing* sera réprimé au visa de l'escroquerie.

La corruption lors des manifestations sportives donnant lieu à paris. L'escroquerie n'est cependant pas le fondement le plus adapté. Existe une autre infraction inapplicable[1] aux manipulations des résultats en l'état actuel du droit : la « corruption de paris sportifs »[2]. Cette infraction consiste à « proposer, sans droit, à tout moment directement ou indirectement, à un acteur d'une manifestation sportive ou d'une course hippique donnant lieu à des paris, des offres, des promesses, des présents, des dons ou des avantages quelconques, pour lui-même ou pour autrui, pour que cet acteur, par un acte ou une abstention, modifie le déroulement normal et équitable de cette manifestation ou de cette course ou parce que cet acteur, par un acte ou une abstention a modifié le déroulement normal et équitable de cette manifestation ou de cette course ». Ce contexte particulier de corruption intéresse l'*esportif* puisqu'il s'agit d'une incrimination spéciale qui peut être mobilisée en présence de « manifestations sportives » auxquelles sont assimilées – par certains[3] - les compétitions de jeux vidéo. La loi n° 2012-158 du 1er février 2012 consacre les délits de corruptions active et passive dans le milieu sportif. Les articles 445-1-1 et 445-2-1 du Code pénal sanctionnent de cinq ans d'emprisonnement et de 500 000 euros d'amende le parieur, corrupteur, et l'« acteur d'une manifestation sportive ou d'une course hippique », corrompu. En matière d'*esport*, cet acteur pourrait être un joueur, l'organisateur de la compétition, un arbitre de fait - salarié de l'organisateur de la compétition -, ou un arbitre de droit. Le corrompu n'est pas une victime, il est lui-même indépendamment responsable, sa répression n'étant nullement subordonnée à la sanction du corrupteur[4].

---

[1] D. Gantschnig, « La triche dans l'e-sport », *op.cit.*, p. 294

[2] Ph. Belloir, « La corruption de paris sportifs », AJ Pénal, 2013. 314

[3] V. Molho, J.-B. Guillot, « L'e-sport : véritable discipline sportive ? », *op. cit.*

[4] Ph. Belloir, « La corruption de paris sportifs », *op. cit.*

Une infraction inapplicable en l'état du droit. Cependant, ces articles 445-1-1 et 445-2-1 du Code pénal n'ont pas vocation à s'appliquer aux compétitions de jeux vidéo et ce pour deux raisons. La première tient à l'interdiction d'effectuer des paris *esportifs* en vertu de l'article L. 321-8, alinéa 3 du Code de la sécurité intérieure[1]. La seconde cause d'ineffectivité de ces articles est leur domaine d'application restreint aux « manifestations sportives » et autres « courses hippiques ». L'interprétation stricte de la loi pénale imposée par l'article 111-4 du Code pénal empêche toute application de cet article à une compétition de jeux vidéo, cette dernière ne remplissant pas les deux critères manquants précités.

Une réforme en deux temps. Pour espérer une application de ces articles aux compétitions de jeux vidéo, le législateur doit intervenir sur deux fronts. D'abord, il devra modifier le Code de la sécurité intérieure pour permettre la prise de paris lors des compétitions *esportives*. La dépénalisation des paris permettrait de quitter l'interdiction générale de l'article L. 320-1 dudit Code pour une autorisation conditionnée à agrément en vertu des articles 10 de la loi n° 2010-476 du 12 mai 2010 relative à l'ouverture à la concurrence et à la régulation du secteur des jeux d'argent et de hasard en ligne et L. 320-6 qui serait alors modifié pour inclure les paris *esportifs*. Puis, il devra ajouter aux deux articles du Code pénal le groupe nominal suivant : « ou d'une compétition de jeux vidéo au sens de l'article L. 321-8 du code de la sécurité intérieure » à la suite des termes « à un acteur d'une manifestation sportive, d'une course hippique ».

L'illogique qualification de « sport » par le législateur. Le législateur refuse de qualifier les courses hippiques de sport. Il ne pourrait - *a fortiori* et sauf à ôter toute logique aux textes – qualifier de sport le fait de jouer à un jeu vidéo sur un clavier d'ordinateur ou avec la manette d'une console. De plus, une telle qualification de « sport » par le législateur aurait des conséquences dépassant le cadre du seul Code pénal. En effet,

---

[1] Cf infra §2 – L'interdiction actuelle de la promotion des paris *esportifs*

l'*esport* serait *de facto* soumis à la réglementation du dopage[1] et à l'ensemble du Code du sport, ainsi par exemple de ses articles L. 332-1 à L. 332-21 relatifs à la sécurité des manifestations sportives. Ces raisons amènent à se placer dans la continuité de ce qui a été proposé, s'agissant des courses hippiques, par l'article 33 de l'ordonnance n° 2019-1015 du 2 octobre 2019. Il sera préféré procéder à une liste d'évènements qui, sans être des manifestations sportives, doivent être soumis aux articles 445-1-1 et 445-2-1 du Code pénal plutôt qu'à inclure l'*esport* dans cette notion de « manifestations sportives ».

Si le législateur n'est qu'un des trois pouvoirs de la Ve République française, il est cependant le plus à même d'intervenir pour pallier les lacunes actuelles.

II – L'inopportune intervention des pouvoirs judiciaire et exécutif

La tentation d'une interprétation analogique par le juge judiciaire. Le juge judiciaire a parfois su - et dans des domaines ayant bien plus de portée que l'*esport* - s'écarter de l'impératif d'interprétation stricte de la loi pénale. Ainsi, en droit des sociétés, « la responsabilité pénale des dirigeants d'entreprise en raison des infractions commises par leurs préposés a été admise très tôt par la jurisprudence, en marge de la loi[2] »[3]. Appliqué à l'*esport*, cet affront au principe d'interprétation stricte permettrait au juge de procéder par analogie. Il assimilerait les compétitions de jeux vidéo aux « manifestations sportives » des articles 445-1-1 et 445-2-1 du Code pénal pour réprimer la corruption. Si cette méconnaissance de l'article 111-4 par les

[1] Cf supra Section 3 - L'inopportune soumission de l'*esport* à la législation relative au dopage

[2] Cass. crim. 30 décembre 1892, *Ferrand* et Cass. crim. 28 février 1956, *Widerkehr* : A. Varinard, J. Pradel, Dalloz, coll. « GADPG », 12e éd., 2021, n° 37

[3] X. Pin, Droit pénal général, *op. cit.*, p. 395, n° 363

juges est envisageable, elle n'est pas pour autant souhaitée. Sera, de fait, privilégiée une intervention législative en bonne et due forme.

L'invraisemblable qualification de « sport » par le juge administratif. Le juge administratif a, d'ores et déjà, été confronté à cet exercice de qualification d'une activité en « sport ». L'incertitude[1] entoure la notion même de « sport » non définie par le Code du sport. Seuls les critères jurisprudentiels ont permis d'en délimiter les contours. Nombreux sont les indices sollicités par les juges[2] mais quatre d'entre eux semblent récurrents : l'existence de règles sportives « bien définies »[3], le « caractère physique de l'activité »[4], la « recherche de la performance physique »[5] et l'organisation régulière de compétitions. Il ne s'agit là que d'indices qui ne sont pas suffisants pris individuellement pour caractériser la notion de « sport ». Il ne semble pas possible de qualifier l'*esport* de sport par application des indices retenus[6].

L'absence de règles bien définies pour l'*esport*. Il n'existe pas de règles bien définies pour la pratique de l'*esport*. En effet, si ces règles sont précises, elles varient d'un jeu à l'autre. Il n'est donc pas possible de considérer que l'*esport*, dans sa globalité, est encadré par un ensemble de règles du jeu. Cela n'a, en réalité, rien d'étonnant. Le football qui dispose de règles bien définies est un sport. De même pour le tennis. En revanche, le football et le tennis ne reposent pas sur les mêmes règles. La situation est la

---

[1] F. Lemaire, « La définition juridique du sport », JCP A 2008, 2181, n° 30

[2] V. Molho, J.-B. Guillot, « L'e-sport : véritable discipline sportive ? », *op. cit.*

[3] CE, 13 avril 2005, n° 258.190, *Féd. paintball sportif* : JurisData n° 2005-068291

[4] CE, 26 juillet 2006, n° 285.529, *Féd. française de Bridge* : Rec. CE 2006, tables p. 1080

[5] CE, 3 mars 2008, n° 308.568, *Féd. activités aquatiques éveil et loisir* : JCP A 2008, note F. Lemaire, p. 2181 ; AJDA 2008. 1219, note Touzeil-Divina ; CE 9 novembre 2011, n° 347.382, *Fédération française de darts* : D. 2012. 704, obs. Centre de droit et d'économie du sport

[6] V. en sens contraire V. Molho, J.-B. Guillot, « L'e-sport : véritable discipline sportive ? », *op. cit.*

même avec l'*esport*. Il n'est pas cohérent de rechercher à qualifier l'*esport* de sport puisqu'il englobe une variété de jeux - et donc de règles différentes. Ce n'est pas l'*esport* qui doit être qualifié de sport mais bien la pratique d'un jeu précis tel « *Counter-Strike* » ou « *League of Legends* »[1].

Le caractère physique de l'activité et la recherche de la performance physique. Si le bridge n'est pas qualifié de sport, c'est bien car il ne mobilise que des facultés intellectuelles et « ne comprend aucune activité physique »[2]. C'est également « en se fondant sur le défaut de la performance physique [que] les demandes d'agrément auprès du ministère des Sports des organisateurs de compétitions de jeux vidéo ont été refusées »[3]. Les joueurs ne recherchent pas l'accomplissement d'une certaine performance physique mais bien un dépassement intellectuel. Certains jeux tel « *Just Dance* » reposent pourtant, quant à eux, sur des mouvements du joueur. Ces simulations de sport traditionnels nécessitent un réel effort physique et un dépassement de soi pour obtenir le meilleur score. Il est cependant vrai que les jeux davantage présents sur la scène *esportive* sont ceux qui se jouent avec un clavier ou une manette. Il conviendrait donc, là encore, de distinguer. Un jeu simulant un sport traditionnel et nécessitant de réaliser certains mouvements physiques pourrait être qualifié de « sport ». En revanche, les jeux phares des compétitions qui se jouent assis et sans réel effort physique tels « *Counter-Strike* », « *Valorant* » ou encore « *League of Legends* » ne sauraient être qualifiés de « sports ».

L'organisation régulière de compétitions. L'*esport* a pu être présenté jusqu'à présent comme la pratique compétitive de jeux vidéo. Les compétitions sont récurrentes et prennent place au moins une fois par an pour chaque jeu. La régularité dans les

---

[1] V. en ce sens M. Boudot, M. Faure-Abbad, « La qualification juridique de l'e-sport », in *Les enjeux juridiques de l'e-sport*, pp. 23 – 34, spéc. p. 31

[2] CE, 26 juillet 2006, n° 285.529, *Féd. française de Bridge* : *préc.*

[3] V. Molho, J.-B. Guillot, « L'e-sport : véritable discipline sportive ? », *op. cit.*

compétitions ne fait aucun doute. Il s'agit là du seul critère ne soulevant aucune difficulté.

L'éventuelle qualification de « sport » par le pouvoir exécutif. À considérer même que le juge administratif en vienne à qualifier l'*esport* de sport, cette interprétation ne lie en rien le juge pénal qui pourra se prévaloir de l'autonomie du droit pénal pour refuser d'appliquer aux compétitions de jeux vidéo les articles 445-1-1 et 445-2-1 précités. En revanche, aurait davantage d'effet l'intervention du pouvoir exécutif. L'argument phare invoqué par les partisans d'une assimilation de l'*esport* au sport est le raisonnement analogique. Cependant, « il faut prendre avec prudence le raisonnement analogique, qui suppose une réelle identité de situations entre les cas en présence »[1]. Le professeur Gény soutenait que l'application d'une règle à un autre domaine, par raisonnement analogique, ne devait pas être rendue illégitime et ne devait donc procéder que d'une nécessité pratique[2]. La présente étude a tenté de démontrer qu'aucune utilité pratique, bien au contraire, ne pouvait être avancée pour soutenir une assimilation des deux secteurs. Cependant, pour certains auteurs cette nécessité pratique existe bel et bien. Appliquer à l'*esport* les règles du sport traditionnel relatives au dopage faciliterait grandement la régulation et la mise en œuvre de sanctions[3]. Or, il est indéniable que cette lutte contre le dopage dans l'*esport* poursuit les mêmes objectifs que celle organisée en matière sportive[4]. Les situations sont-elles similaires ? Les ressemblances entre le sport et l'*esport* sont nombreuses. « Les participants sont rémunérés, font partie de structures socialement créées pour la recherche de victoires en compétition et ils accèdent au haut niveau en raison de leur talent et du caractère intensif de leur entraînement. Jusque-là, les similitudes sont nombreuses avec le sport de haut niveau traditionnel. »[5]. Comme

---

[1] P.-Y. Gautier, « Les limites de la personnalité morale », in *Mél. Merle*, Dalloz, 2012, p. 293

[2] F. Gény, Science et technique en droit privé positif, t. 3, Sirey, 1921, p. 417

[3] P.-X. Chomiac de Sas, *op.cit.*, p. 103

[4] F. Buy, J.-M. Marmayou, D. Poracchia, F. Rizzo, *op. cit.*, p. 545, n° 949

[5] Communication du groupe de travail sur l'e-sport, *op. cit.*, p. 2

le démontrent les fondateurs du nouveau club « *Gentle Mates* », une équipe d'*esportifs* fonctionne comme une équipe de sportifs avec ses joueurs, un entraineur, un assistant entraineur, un directeur sportif, etc...[1]. L'intervention du pouvoir exécutif ne relève pas de la science-fiction[2]. L'arrêté du 27 janvier 2005 portant agrément d'associations sportives a ainsi permis de qualifier les échecs[3] de sport en octroyant à la Fédération française des échecs ledit agrément. L'*esport* pourrait subir le même sort.

Une telle qualification de « sport » par le pouvoir exécutif aurait des conséquences dépassant le cadre des articles 445-1-1 et 445-2-1 du Code pénal contrairement à l'intervention législative préférée[4].

§2 – L'insuffisance du droit positif

La corruption dans le secteur privé. Le droit pénal des affaires ne distingue ici plus entre la corruption active et passive. Tant le corrupteur que le corrompu seront sanctionnés[5] par les articles 445-1 et 445-2 du Code pénal. Est donc prohibé « le fait, par quiconque, de proposer, sans droit, à tout moment, directement ou indirectement, à une personne qui, sans être dépositaire de l'autorité publique, ni chargée d'une mission de service public, ni investie d'un mandat électif public exerce, dans le cadre d'une activité professionnelle ou sociale, une fonction de direction ou un travail pour une personne physique ou morale ou pour un organisme quelconque, des offres, des promesses, des dons, des présents ou des avantages quelconques ». En échange,

---

[1] Lucas « Squeezie » Hauchard, "Soirée de lancement de Gentle Mates - Rediffusion Squeezie du 14/04", *op. cit.*

[2] H. Madoré, La reconnaissance des sports cérébraux par le ministère chargé des sports, Rapport 2015-M-24, 2 novembre 2015, pp. 41 et s.

[3] Proposant une analogie avec les échecs pour qualifier l'*esport* de sport : M. Boudot, M. Faure-Abbad, « La qualification juridique de l'e-sport », *op. cit.*, spéc. p. 28

[4] Cf supra « Une réforme en deux temps »

[5] A. Lepage, P. Maistre du Chambon, R. Salomon, *op. cit.*., p. 194, n° 461

si le corrompu accepte, il accomplira ou s'abstiendra d'accomplir « un acte de son activité ou de sa fonction ou facilité par son activité ou sa fonction, en violation de ses obligations légales, contractuelles ou professionnelles ». Il est important de noter que la corruption est consommée même si le bénéficiaire de l'avantage accordé par le salarié n'est pas le corrupteur lui-même[1]. Ainsi, par exemple, de la corruption mise en place par un parieur pour que la victoire soit attribuée au joueur ou à l'équipe sur lesquels il a parié. Ceux-ci peuvent d'ailleurs tout ignorer du fait litigieux. Le prestataire, cocontractant de l'organisateur, qui joue le rôle d'arbitre de la compétition pourrait être le corrompu de cette infraction. Il s'abstient bien d'accomplir un acte de sa fonction en omettant d'enlever des points et en omettant de relever les fautes commises par tel ou tel joueur pour que celui-ci gagne la partie. Cet acte est bien accompli en violation de ses obligations contractuelles et professionnelles puisque son contrat le soumet au règlement de la compétition qui prévoit bien l'obligation de soustraire des points ou de prononcer d'autres sanctions disciplinaires en cas de faute commise par un joueur. Il s'agit bien là de la corruption d'un salarié chargé de contrôler la bonne tenue de la compétition et non de la corruption d'un joueur qui peut d'ailleurs l'ignorer. Elle ne permet, donc, pas de sanctionner la pratique du *match fixing* évoquée précédemment par laquelle le joueur va lui-même saboter sa prestation.

La corruption d'arbitre. L'article 434-9 du Code pénal n'apporte pas non plus de solution à la problématique du *match fixing*. Cette disposition sanctionne la corruption active ou passive commise par un magistrat, fonctionnaire au greffe d'une juridiction, expert, conciliateur ou encore « arbitre exerçant sa mission sous l'empire du droit national sur l'arbitrage ». Qu'il soit arbitre sur le terrain ou dans le cadre d'une instance arbitrale postérieure[2], la corruption de cet agent pourrait être sanctionnée au visa de cet article. L'arbitre est un personnage important de la compétition qui peut faire l'objet de menaces, chantage ou

---

[1] M. Segonds, « À propos de la onzième réécriture des délits de corruption », D. 2008, dossier, p. 1071, n° 10

[2] Cf supra « La qualification d'« arbitre » »

extorsion[1]. Rien ne s'oppose *a priori* à ce qu'il se rende coupable de corruption et tire lui aussi avantage de cette manipulation des résultats. Il ne s'agit cependant pas, là non plus, de la sanction du joueur mettant tout en œuvre pour perdre son propre match.

Le palliatif de la responsabilité civile. Seule la responsabilité civile pourrait éventuellement permettre de sanctionner cette pratique du *match fixing*. Cependant, elle ne peut que permettre la réparation des victimes. Elle ne peut ni avoir une fonction punitive ni une fonction protectrice de l'intégrité ou de la sincérité de la compétition. La responsabilité du joueur en raison des manipulations auxquelles il s'est adonné ne semble pas pouvoir être engagée par les autres participants. En effet, quel préjudice ont-ils subi dès lors que le joueur a fait en sorte de leur laisser la victoire, la réputation qui en découle et, surtout, le *cash prize* ? En revanche, la responsabilité civile pourrait être engagée à l'égard de l'organisateur de la compétition, de l'éditeur du jeu vidéo – dans les rares cas où ils ne sont pas la même personne[2] – voire des parieurs. À l'égard des deux premiers, le joueur engage sa responsabilité contractuelle. Il commet effectivement une faute par violation de ses obligations contractuelles. Le règlement de la compétition ainsi que les conditions générales d'utilisation du jeu vidéo - tous deux de nature contractuelle - stipulent l'obligation pour le joueur, dans le cadre d'une compétition, de respecter les règles du jeu et de l'art[3]. Il ne doit pas altérer le cours normal de la compétition en portant atteinte à sa sincérité ou son intégrité[4]. Pour obtenir réparation, encore faut-il que l'organisateur et l'éditeur du jeu justifient d'un préjudice. Le dommage réputationnel pourrait être avancé mais la difficulté résiderait alors dans la preuve de son existence et de son étendue. Le préjudice pourrait être considéré trop incertain par les juges qui refuseront alors sa réparation. À l'égard des parieurs, la réparation, sur le terrain de la

[1] Cf supra Chapitre 1 – La sanction par le droit pénal positif de la manipulation de l'arbitre
[2] W. Duhen, « Les éditeurs organisateurs de compétitions », *op. cit.*
[3] G. Rabu, JurisClasseur Communication, Fasc. 655, *op. cit.*, n° 65
[4] D. Gantschnig, « La triche dans l'e-sport », *op. cit.*, p. 294

responsabilité extracontractuelle cette fois, semble plus probable[1]. Le parieur reprochera au joueur d'avoir truqué la rencontre, ce fait litigieux l'ayant privé du gain espéré[2]. La pratique du *match fixing* semble entrer précisément dans les prévisions de la Cour de cassation qui retient sévèrement – mais pas suffisamment pour exclure cette manipulation des résultats – que « seul un fait ayant pour objet de porter sciemment atteinte à l'aléa inhérent au pari sportif est de nature à engager la responsabilité d'un joueur et, le cas échéant, de son club, à l'égard d'un parieur »[3]. La question de la réparation du préjudice doit cependant là encore se poser. Il ne peut s'agir que d'une perte de chance d'avoir gagné son pari. Le parieur n'obtiendra pas remboursement de l'intégralité de la somme qu'il aurait gagné, la réparation d'une perte de chance ne pouvant jamais correspondre au montant du gain espéré. En revanche, il obtiendra *a minima* le remboursement de sa mise de départ.

Bien que ces incriminations soient utiles pour encadrer la pratique de l'*esport*, elles ne permettent pas la sanction des paris truqués par le joueur. La responsabilité civile ne permet, quant à elle, que de réparer partiellement le préjudice subi par un parieur lésé, la fonction réparatrice de la responsabilité civile ne pouvant être remplacée par une fonction répressive. Une réforme par le législateur est donc bien nécessaire[4]. Autoriser la prise de paris lors des compétitions *esportives* n'a cependant pas pour unique conséquence l'application des articles du Code pénal relatifs à la « corruption de paris ». En effet, c'est toute la législation sur la promotion de ces paris qui a alors vocation à être réformée.

---

[1] F. Buy, J.-M. Marmayou, D. Poracchia, F. Rizzo, *op. cit.*, p. 604, n° 1019
[2] Cass. civ 2e, 4 mai 1972, n° 71-10.121 : Bull. civ. II, n° 130 ; D. 1972, p. 596, note Ph. Le Tourneau
[3] Cass. civ 2e, 14 juin 2018, n° 17-20.046 : D. 2018, p. 1784, note J.-S. Borghetti ; RTD civ. 2018, p. 908, obs. P. Jourdain ; LPA 2019, n° 245, p. 7, obs. C.-A. Maetz
[4] Cf supra « Une réforme en deux temps »

Section 2 - La dangereuse promotion de paris *esportifs* illégaux

Légaliser les paris *esportifs*, pour l'instant interdits par le droit positif (**§1**), pourrait amener à légaliser leur publicité (**§2**).

§1 – L'assimilation, en droit positif, des paris *esportifs* aux loteries interdites

La règlementation des paris. La prise de paris est très réglementée en France. Cela se justifierait en ce qu'« il y a dans ces pseudo-contrats une immoralité de nature, contre laquelle la société a le devoir de s'ériger en justicière »[1]. « Seuls les opérateurs ayant obtenu l'agrément de l'Autorité de régulation des jeux en ligne (ARJEL), remplacée depuis le 1er janvier 2020, par l'Autorité nationale des jeux (ANJ) »[2] peuvent proposer, sur des sites Internet, des paris hippiques, sportifs ou de poker. D'une part, les paris *esportifs* n'entrent dans aucune de ces trois catégories. D'autre part, aucun opérateur n'étant agréé, les paris en ligne sur des compétitions de jeux vidéo ne seraient pas autorisés. Parallèlement aux paris en ligne, le décret n° 2010-614 du 7 juin 2010 autorise les organisateurs de manifestations sportives à commercialiser des paris sur les lieux mêmes de la compétition. En effet, ce sont ces organisateurs qui jouissent du droit d'exploitation des manifestations ou compétitions sportives de l'article L. 333-1 du Code du sport qui, par application de l'article L. 333-1-1 du même Code, « inclut le droit de consentir à l'organisation de paris sur les manifestations ou compétitions sportives ». Assimiler l'*esport* au sport[3] permettrait, par effet de

[1] J. Carbonnier, préface de la thèse d'A. Bénabent, La chance et le droit, LGDJ, Bibl. dr. privé, t. 128, 1973, p. 17
[2] C. Encarnacao, *op. cit.*, p. 99
[3] Cf supra II – L'inopportune intervention des pouvoirs judiciaire et exécutif

ricochet, d'autoriser les paris *esportifs* sur place – « en dur »[1] - ainsi qu'en ligne sous réserve d'obtenir ledit agrément.

L'interdiction des paris *esportifs*. En matière de compétitions de jeux vidéo, aucun opérateur ne bénéficie de cet agrément[2]. De plus, l'article L. 321-8 du Code de la sécurité intérieure ne laisse place à aucun doute : « l'organisation de la compétition de jeux vidéo au sens du présent chapitre n'inclut pas l'organisation d'une prise de paris ». Si la loi n° 2016-1321 du 7 octobre 2016 autorise l'organisation de compétitions de jeux vidéo, elle n'autorise pas pour autant la mise en place de paris *esportifs*[3]. « Les paris sur l'esport en France sont interdits, ce qui n'empêche pas les contournements »[4]. Ces derniers sont cependant constitutifs d'infractions pénales.

La responsabilité pénale de l'organisateur du pari. En vertu de l'article L. 324-1 du Code de la sécurité intérieure, « le fait d'accomplir ou de faire accomplir des opérations de jeux d'argent et de hasard en violation de l'article L. 320-1 est puni de trois ans d'emprisonnement et de 90 000 euros d'amende ». Or, puisque non autorisée, l'organisation de paris *esportifs* demeurent « sous le régime de prohibition des loteries »[5] et engage la responsabilité pénale de leurs auteurs. Il est inutile de créer un site Internet proposant des paris sur des compétitions de jeux vidéo car celui-ci serait illicite, même s'il n'est pas hébergé en France, dès lors que le public visé est français[6]. Obtenir un agrément pour la mise en place de paris à l'étranger n'y change rien et ne permet pas d'échapper à la sanction pénale en France[7].

---

[1] D. Poracchia, G. Rabu, « Le régime de dérogation au droit des jeux et paris », *op. it.*, p. 407

[2] C. Le Goffic, « Le contentieux de l'e-sport », *op. cit.*, p. 340

[3] Pour une interprétation différente du texte : D. Poracchia, G. Rabu, « Le régime de dérogation au droit des jeux et paris », *op. cit.*, p. 406

[4] C. Encarnacao, *op. cit.*, p. 98

[5] P.-X. Chomiac de Sas, *op. cit.*, p. 29

[6] Cass. crim., 9 septembre 2008, n° 07-87.281 : Comm. com. électr. 2008, comm. 126, obs. C. Caron ; Comm. com. électr. 2009, chron. 1, spéc. n° 7, obs. M.-E. Ancel

[7] Cass crim., 22 mai 1997, n° 94-85.933 : Bull. crim. n° 198

La responsabilité pénale du parieur. Quant au consommateur qui souhaite parier légalement sur le résultat d'une compétition de jeux vidéo, il serait tenté de recourir à un site étranger non adressé au public français en utilisant un « *Virtual Private Network* » (VPN), logiciel qui permet de modifier son adresse IP (« Internet Protocol ») et faire croire que l'on se trouve dans un autre État que la France, là où les paris sont autorisés. Cet usage d'un VPN pourrait être constitutif d'une escroquerie au sens de l'article 313-1 du Code pénal. En effet, les moyens de l'escroquerie sont variés. Elle peut consister, entre autres, en l'usage d'une fausse qualité ou l'emploi de manœuvres frauduleuses pour tromper une personne morale et la déterminer à son préjudice à remettre un bien quelconque ou à fournir un service. Or, pour pouvoir parier, le joueur va mentir sur son État de résidence. En effet, le détenteur du site Internet - présumé honnête - aurait refusé la prise de paris à une personne qu'il sait établie en France, celle-ci y étant interdite. Cependant, en usant d'un VPN, le parieur va user d'une fausse qualité et, par exemple, se faire passer pour un résident américain qui peut légalement parier sur une compétition de jeux vidéo. L'usage d'une fausse adresse IP, pour dissimuler le pays depuis lequel le pari est effectué, pourrait constituer l'usage d'une fausse qualité ou, à tout le moins, une manœuvre frauduleuse. Encore faut-il que cette tromperie déterminante à la remise du bien ait causé un préjudice au vendeur. Une discussion peut avoir lieu quant à cette dernière condition. D'une part, le préjudice est caractérisé dès lors que l'organisation de loteries interdites est punie de trois ans d'emprisonnement et de 90 000 euros d'amende en vertu de l'article L. 324-1 du Code de la sécurité intérieure. D'autre part, le vendeur pourrait échapper à cette condamnation en arguant d'un défaut d'élément moral, n'ayant pas souhaité enfreindre la législation française et ayant été trompé par le parieur. Il ne subirait alors aucun préjudice puisqu'à défaut d'élément intentionnel, le délit ne pourrait lui être imputé. Cependant, la jurisprudence en matière d'escroquerie tend à faire disparaître cette condition du préjudice subi. Celui-ci existe « dès lors que l'escroc est parvenu à obtenir la conclusion d'un contrat »[1], l'atteinte à la liberté contractuelle caractérisant le préjudice[2].

L'inefficacité du pari sur le plan civil. À supposer même que sa responsabilité pénale ne soit pas engagée, le parieur risque de ne jamais obtenir son dû. En effet, il ne disposera d'aucun moyen de contrainte pour obtenir les sommes gagnées. Sa demande en justice semble vouée à l'échec et ce, au moins, pour deux raisons. D'une part, la demande pourrait être jugée irrecevable pour défaut d'intérêt légitime à agir. N'est pas « légitime », au sens de l'article 31 du Code de procédure civile, la prétention illicite[3]. Or, constitue une prétention illicite l'action en paiement d'un pari pourtant interdit par la loi. D'autre part, elle serait jugée irrecevable en vertu de l'article 1965 du Code civil qui dispose que « la loi n'accorde pas d'action pour le paiement d'un pari ».

Toutes ces responsabilités ne seraient pas engagées si le législateur n'assimilait plus les paris *esportifs* aux loteries interdites de l'article L. 320-1 du Code de la sécurité intérieure. De même pour la responsabilité du promoteur de tels paris qui ne serait alors plus responsable pénalement.

§2 – L'interdiction actuelle de la promotion des paris *esportifs*

La responsabilité pénale du promoteur. La promotion des paris *esportifs* alors que ces derniers sont, pour l'instant, toujours interdits engage la responsabilité du promoteur. En effet, l'article 23 de la loi du 29 juillet 1881 sur la liberté de la presse sanctionne comme « complices d'une action qualifiée crime ou délit » ceux

---

[1] A. Lepage, P. Maistre du Chambon, R. Salomon, *op. cit.*., p. 59, n° 171

[2] Cass. crim., 15 juin 1992 : Bull. crim. 1992, n° 234 ; Dr. pén. 1992, comm. 82, obs. M. Véron ; RSC 1993, 783, obs. P. Bouzat

[3] N. Cayrol, Procédure civile, Dalloz, coll. « Cours Dalloz », 4e éd., 2022, p. 99, n° 232

qui, « par tout moyen de communication au public par voie électronique, auront directement provoqué l'auteur ou les auteurs à commettre ladite action, si la provocation a été suivie d'effet ». L'escroquerie constituant un délit, le joueur qui, usant de sa notoriété, invite les consommateurs français à parier sur des sites étrangers en ayant recours à des VPN se rendra complice au sens de l'article 23 précité.

La promotion des paris. Qu'adviendrait-il si le législateur autorisait les paris *esportifs* ? La publicité de ceux-ci devrait-elle être également autorisée ? En vertu de l'article 2 du décret n° 92-280 du 27 mars 1992, tel que modifié par le décret n° 2001-1331 du 28 décembre 2001, « constitue une publicité toute forme de message télévisé diffusé contre rémunération ou autre contrepartie en vue soit de promouvoir la fourniture de biens ou services, y compris ceux qui sont présentés sous leur appellation générique, dans le cadre d'une activité commerciale, industrielle, artisanale ou de profession libérale, soit d'assurer la promotion commerciale d'une entreprise publique ou privée ». La publicité n'est cependant pas réservée à la télévision et le droit français soumet la publicité sur Internet à certaines règles. Ainsi, par exemple, elle ne doit pas être dissimulée et doit pouvoir être appréhendée par le consommateur comme telle. L'article 20 de la loi « pour la confiance dans l'économie numérique » du 21 juin 2004 dispose en effet que « toute publicité, sous quelque forme que ce soit, accessible par un service de communication au public en ligne, doit pouvoir être clairement identifiée comme telle ». Une fois les paris *esportifs* légalisés, leur promotion serait-t-elle libre ? Certainement pas. Elle sera soumise à une règlementation stricte car « en matière de jeux d'argent et de hasard, la publicité [...] peut avoir un effet attractif et conduire vers la dépendance »[1]. Ce « placement de produit »[2] - défini par le Conseil de l'Union européenne comme « toute forme de communication commerciale audiovisuelle consistant à inclure

[1] L. Arcelin, « Droit de la publicité et compétition sportive électronique », *op. cit.*, p. 553 ; Sur les raisons de la réglementation stricte des jeux d'argent et de hasard : Cf supra « Les justifications de la sanction pénale »
[2] G. Rabu, JurisClasseur Communication, Fasc. 655, *op. cit.*, n° 108

un produit, un service ou leur marque, ou à y faire référence, en l'insérant dans un programme ou dans une vidéo créée par l'utilisateur moyennant paiement ou autre contrepartie »[1] - est soumis aux dispositions des articles D. 320-2 à D. 320-8 du Code de la sécurité intérieure qui imposent notamment la présence « d'un message de mise en garde contre les risques liés à la pratique du jeu ». Cet encadrement de la publicité est justifié par la prévention des « risques d'atteinte à l'ordre public et à l'ordre social, notamment en matière de protection de la santé et des mineurs »[2], cible privilégiée de l'*esport*. Toute publicité de paris en direction des mineurs est d'ailleurs interdite[3].

La loi n° 2023-451 visant à encadrer l'influence commerciale et à lutter contre les dérives des influenceurs sur les réseaux sociaux. Cette loi a été définitivement adoptée par l'Assemblée nationale le 31 mai 2023 et, dès le lendemain, par le Sénat. Si, lors du dépôt de la proposition, la qualification d'« influenceur » des joueurs de jeux vidéo pouvait interroger - notamment au regard du contexte dans lequel s'inscrivait la promotion[4] - ces questions ne se posent plus depuis la réécriture du texte par les sénateurs. En effet, en l'état actuel du texte, issu d'une commission mixte paritaire, « exercent l'activité d'influence commerciale par voie électronique » les personnes qui mobilisent leur notoriété pour communiquer « des contenus visant à faire la promotion, directement ou indirectement, de biens, de services ou d'une cause quelconque » sans plus de précision. Comme tout « influenceur », le joueur peut utiliser son

---

[1] Art. 1er m) de la Directive (UE) 2010/13/UE du 10 mars 2010

[2] E. Dreyer, Droit de la communication, LexisNexis, coll. « Manuel », 2e éd., 2022, p. 391, n° 691

[3] E. Derieux, Droit des médias – Droit français, européen et international, LGDJ, coll. « Manuel », 8e éd., 2018, p. 147, n° 497 (depuis le décret n° 2020-1349 du 4 novembre 2020, le fondement de l'interdiction n'est plus l'article 7 de la loi n° 2010-476 mentionné par le professeur Derieux mais l'article D. 320-10 du Code de la sécurité intérieure)

[4] La proposition de loi qualifiait d'influenceur celui qui promouvait des biens, services ou une cause quelconque « à l'occasion de l'expression de sa personnalité ». Le joueur exprime-t-il réellement sa personnalité lorsqu'il se filme en train de jouer ? Ou n'effectue-t-il qu'une performance ?

image et la notoriété acquise à la suite de sa participation à la compétition pour promouvoir un bien ou un service[1]. Depuis son entrée en vigueur, les joueurs compétitifs de jeux vidéo sont donc soumis à ce texte qui interdit la promotion « en faveur d'abonnements à des conseils ou à des pronostics sportifs » et autorise sous condition la promotion de « jeux d'argent et de hasard définis aux articles L. 320-1 et L. 320-6 du code de la sécurité intérieure ». S'agissant de la première interdiction - prévue par l'article 2 B, II, ter - elle ne devrait pas trouver application puisque l'*esport* n'est pas assimilé à un « sport »[2]. En revanche, l'article 2 B, III de la loi s'applique à l'*esport*. Le pari *esportif* est bien un jeu d'argent et de hasard au sens des articles L. 320-1 et L. 320-6 du Code de la sécurité intérieure dans leur nouvelle rédaction issue de la Loi « Hamon » de 2014[3]. Dès lors, le joueur « influenceur » peut promouvoir de tels paris uniquement « sur les plateformes en ligne offrant la possibilité technique d'exclure de l'audience dudit contenu tous les utilisateurs âgés de moins de dix-huit ans et si ce mécanisme d'exclusion est effectivement activé par lesdites personnes ». La communication commerciale devra rappeler de façon « claire, lisible et identifiable » cette interdiction aux mineurs pendant toute la durée de la promotion. Tout manquement sera sanctionné de l'amende d'un montant de 100 000 euros prévue à l'article L. 324-8-1 du Code de la sécurité intérieure.

---

[1] Ph. Mouron, « La patrimonialisation de l'identité des joueurs de sport électronique », *op. cit.*

[2] N. Besombes, « Sport et esport : une comparaison récurrente à déconstruire », JS 2018, n° 185, p. 19

[3] J. Lopez, « Point de vue d'un organisateur », *op. cit.*, p. 213

Conclusion de la seconde partie

La présente étude se situe donc à contre-courant de ce qui est proposé par ailleurs. Les débats autour de la création d'un droit spécial de l'*esport* ou de l'assimilation de ce dernier au sport illustrent bien le désir, parfois injustifié, des praticiens à la « sur-régulation ». Certains se plaignent d'une pression normative du fait de lois et règlements omniprésents et asphyxiants. D'autres, malheureusement sans s'en rendre compte, participent à cette inflation législative et sont à l'origine de leur propre suffocation. Pourquoi certains professionnels militent-ils en faveur d'une qualification de l'*esport* en « sport » ? La triche dans le sport n'est pas davantage réglementée que celle dans l'*esport*. Le droit pénal et la responsabilité civile - contractuelle et extracontractuelle - apparaissent comme remèdes à toutes les triches. Le seul atout du sport traditionnel réside dans l'existence établie d'un ordre « juridictionnel » spécifique : l'arbitrage du sport. Mais celui-ci arrivera naturellement dans le monde de l'*esport* et l'arbitrage commercial permet déjà un traitement particulier des litiges. En matière de dopage, le cumul entre le droit pénal et le droit du sport soulève suffisamment de difficultés pour ne pas vouloir les étendre à l'*esport*. Le seul mobile d'un militantisme en faveur d'une application de la législation relative au dopage est d'échapper aux sanctions lourdes de la législation sur les stupéfiants. Mais cet intérêt est illégitime et rendu vain par un juge qui applique, certes, la législation relative au dopage mais en complément du droit pénal qu'il n'abandonne que rarement.

La thèse ici soutenue se heurte cependant à un obstacle que l'honnêteté intellectuelle impose de relever. *Quid* du *match fixing* ? Ces paris truqués par un joueur qui perd sciemment son match. Cette pratique existe dans le sport mais également dans l'*esport* avec ou sans le soutien du droit. Une intervention législative est donc bien requise. Le droit pénal n'ouvre qu'une seule voie de sanction : l'escroquerie. Ce véritable « couteausuisse » - auquel il a été recouru de nombreuses fois dans cette étude - semble atteindre ses limites face au *match fixing*. Si la volonté est d'encadrer fermement et avec précision cette pratique, alors il faudra légiférer. Attention cependant à ne pas s'empêtrer. Il n'est pas nécessaire pour condamner le *match fixing* de qualifier l'*esport* de sport, avec toutes les conséquences déplorables que cela aurait. De menues modifications des textes ont été proposées à cet effet afin de ne réformer que ce qui doit l'être pour limiter au mieux la survenance de conséquences insoupçonnées.

CONCLUSION GÉNÉRALE

Par la présentation des règles applicables aux éventuels litiges en matière d'*esport*, la présente étude a permis plusieurs constats. Tout d'abord, ce nouveau secteur d'activité pourra générer à l'avenir un abondant contentieux. La diversité des difficultés relevées par les précédents développements illustre à quel point tant l'organisateur que le joueur – et son équipe - sont proies aux litiges. Toutes les étapes de leur activité peuvent être faits générateurs de responsabilité. Cette dernière est contractuelle, extracontractuelle, pénale ou encore fiscale. La récurrence du droit pénal est d'ailleurs un marqueur fort de la dangerosité d'une activité qui touche aux bonnes mœurs et à la santé publique. Surtout, cette industrie a pour cible ce qu'une Nation a de plus précieux : son futur. Les enfants et les adolescents sont les premiers consommateurs de compétitions de jeux vidéo. Il faut les protéger face aux éventuelles dérives de ce secteur sans les priver de ce divertissement pouvant muter en véritable profession.

Puis, deuxième constat, le monde de l'*esport* est un exemple de ce qu'une entreprise, quelle que soit sa forme, ne peut fonctionner correctement sans une bonne maîtrise du droit des affaires. Ce droit ne s'arrête cependant pas au droit des sociétés. Pour éviter tous les risques, les structures devront s'adjoindre les services d'avocats ou juristes qui maîtrisent le droit de la sécurité intérieure, le droit administratif, le droit social, le droit pénal, le droit fiscal, le droit de la concurrence, le droit de la propriété intellectuelle, le droit des obligations et le droit de la consommation. Certaines branches du droit ont certainement été oubliées par cette énumération et cela ne fera qu'illustrer la diversité des règles applicables à ce domaine.

Enfin, de cette étude ressort que le législateur n'ignore pas l'*esport*. Il l'a reconnu officiellement dès 2016. Doit-il aller plus loin ? Certaines incohérences ont effectivement été relevées. L'optimisme doit cependant l'emporter. Certes, le législateur a parfois été lacunaire dans sa législation relative à l'organisation des compétitions. Certes, le législateur n'est pas allé au bout de ce qui était attendu de lui s'agissant du statut social du joueur professionnel de jeux vidéo. Mais il a légiféré. Et il a légiféré là où son intervention était indispensable. Il ne manque désormais plus qu'à améliorer, par petites touches, le droit spécial de l'*esport* qui existe. Doit-il poursuivre son œuvre créatrice ? La réponse semble négative. D'une part, il apparait contre-productif d'édicter de nouvelles normes. Et, d'autre part, s'il le faisait, il ne créerait rien puisque tout existe déjà. Ou presque ! Les législateurs de 1804 et 1810 n'ont pas eu une plume suffisamment large pour régir indirectement les paris truqués lors de compétitions de jeux vidéo au XXIe siècle… Sans qu'on ne puisse leur en vouloir, un petit rafraîchissement des textes permettrait de pallier ces lacunes.

Bibliographie

I. Traités, ouvrages généraux et manuels

Traités

MBONGO (P.), Traité de droit de la police et de la sécurité, LGDJ, coll. « Les grands concours », 2014

MERLE (R.), VITU (A.), Traité de droit pénal spécial, Éditions Cujas, Paris 1982, t. 2

POTHIER (R.-J.), Œuvres complètes de Pothier, t. I, Traité des obligations éd. Thomine et Fortic, 1821, pp. 10 et s., n° 6

ROBERT (J.-H.), MATSOPOULOU (H.), Traité de droit pénal des affaires, PUF, coll. « Droit fondamental », 2004

Ouvrages généraux et manuels

AUZERO (G.), BAUGARD (D.), DOCKÈS (E.), Droit du travail, Dalloz, coll. « Précis Dalloz », 36e éd., 2023

BERGEL (J.-L.), Théorie générale du droit, Dalloz, coll. « Méthodes du droit », 5e éd., 2012

BOULOC (B.), Droit pénal général, Dalloz, coll. « Précis Dalloz », 27e éd., 2021

BUY (F.), MARMAYOU (J.-M.), PORACCHIA (D.), RIZZO (F.), Droit du sport, LGDJ, coll. « Manuel », 6e éd., 2020

CAYROL (N.), Procédure civile, Dalloz, coll. « Cours Dalloz », 4e éd., 2022

COZIAN (M.), VIANDIER (A.), DEBOISSY (Fl.), Droit des sociétés, LexisNexis, coll. « Manuel », 35e éd., 2022

DERIEUX (E.), Droit des médias – Droit français, européen et international, LGDJ, coll. « Manuel », 8e éd., 2018

DREYER (E.), Droit de la communication, LexisNexis, coll. « Manuel », 2e éd., 2022

HUET (J.), **DREYER (E.)**, Droit de la communication numérique, LGDJ, coll. « Manuel », 2011

LEMEUNIER (F.), Associations : Constitution, gestion, évolution, Dalloz, coll. « Encyclopédie Delmas », 12e éd., 2009-2010
LEPAGE (A.), **MAISTRE DU CHAMBON (P.)**, **SALOMON (R.)**, Droit pénal des affaires, LexisNexis, coll. « Manuel », 6e éd., 2020

LEPAGE (A.), **MATSOPOULOU (H.)**, Droit pénal spécial, PUF, coll. « Thémis Droit », 2015

PIN (X.), Droit pénal général, Dalloz, coll. « Cours Dalloz », 14e éd., 2023

SEILLER (B.), Droit administratif : Les sources et le juge, Flammarion, coll. « Champs université », 8e éd., 2021

SERLOOTEN (P.), **DEBAT (O.)**, Droit fiscal des affaires, Dalloz, coll. « Précis Dalloz », 21e éd., 2023

SIMON (G.), **CHAUSSARD (C.)**, **ICARD (Ph.)**, **JACOTOT (D.)**, **DE LA MARDIÈRE (Ch.)**, **THOMAS (V.)**, Droit du sport, PUF, coll. « Thémis Droit »

TERRÉ (F.), **MOLFESSIS (N.)**, Introduction générale au droit, Dalloz, coll. « Précis Dalloz », 14e éd., 2022

TEYSSIÉ (B.), Droit des personnes, LexisNexis, coll. « Manuel », 24e éd., 2022

WALINE (J.), Droit administratif, Dalloz, coll. « Précis Dalloz », 28e éd., 2020

II. Thèses, ouvrages spéciaux et monographies

Thèses

CHAUDOUET (S.), Le déséquilibre significatif, préface N. Ferrier, LGDJ, coll. « Bibl. dr. privé », 2021

BÉNABENT (A.), La chance et le droit, préface J. Carbonnier, LGDJ, Bibl. dr. privé, t. 128, 1973

BESOMBES (N.), Sport électronique, agressivité motrice et sociabilités, thèse, Université Paris V Descartes, L. Collard et E. Dugas (dir.), 2016

DE FONTMICHEL (M.), Le faible et l'arbitrage, préface Th. Clay, Économica, coll. « Recherches Juridiques », 2013

LEVACHER (E.), Le gain manqué, thèse, Ph. Delebecque (dir.), Université Paris I, 2010

MAISONNEUVE (M.), L'arbitrage des litiges sportifs, préfaces M. Degoffe et L. Richer, LGDJ, coll. « Bibl. dr. public », t. 267, 2011

MAURIN (L.), Contrat et droits fondamentaux, thèse, Université d'Aix-Marseille, Y. Lequette (dir.), 2013

PARIZOT (R.), La responsabilité pénale à l'épreuve de la criminalité organisée : Le cas symptomatique de l'association de malfaiteurs et du blanchiment en France et en Italie, préfaces G. Giudicelli-Delage et A. Bernardi, LGDJ, coll. « Bibl. sc. crim. », t. 48, 2010, p. 15, n° 16

RIPOCHE (E.), La liberté et l'ordre public contractuels à l'épreuve des droits fondamentaux, thèse, Université Paris II Panthéon-Assas, Y. Lequette (dir.), 2019

SINGER (G.), Le contrat de travail du sportif professionnel : contribution à l'adaptation du droit du travail aux spécificités du sport professionnel, thèse, Université Toulouse 1, L. Casaux (dir.), 2016

Ouvrages spéciaux et monographies

GÉNY (F.), Science et technique en droit privé positif, t. 3, Sirey, 1921

CHOMIAC DE SAS (P.-X), Fiches de droit et des métiers de l'esport, Ellipses, coll. « Fiches pratiques », 2022

COGNARD (J.-R.), Les contrats de travail dans le sport et l'e-sport, Dalloz, coll. « Hors-série », 2022

ENCARNACAO (C.), Le droit de l'esport : le guide, Éditions Bréal, coll. « Lexifac », 2021

GARÇON (É.), Code pénal annoté, Sirey, 2e éd., par M. Rousselet, M. Patin et M. Ancel, 1953

MOTULSKY (H.), Écrits, t. 2, Études et notes sur l'arbitrage, Dalloz, 1974

RABU (G.), **REVERCHON-BILLOT (M.)**, Les enjeux juridiques de l'e-sport, PUAM, coll. « Centre de droit du sport », 2017

III. Articles, études, chroniques et dossiers

Articles de revues

BASTARD (P.-E.), « E-sport et droit du travail : quel statut pour le joueur professionnel de jeux vidéo compétitifs ? », Gaz. Pal. 2018, n° 30, p. 12

BELLOIR (Ph.), « La corruption de paris sportifs », AJ Pénal, 2013. 314

BESOMBES (N.), « Sport et esport : une comparaison récurrente à déconstruire », JS 2018, n° 185, p. 19

BORDEREAU (V.), **MARTIN (S.)**, « Le droit français de la responsabilité à l'épreuve du clic », RDA n° 24, Décembre 2022, p. 28

CARRON (C.), « Qualification distributive pour le jeu vidéo, œuvre complexe », Comm. com. électr. n° 9, Septembre 2009, comm. 76

CHACORNAC (J.), « L'articulation des répressions. Comment résoudre le problème de *non bis in idem* ? », RSC. n°2, 2019, pp. 333 et s.

DOCKÈS (E.), « Notion de contrat de travail », Dr. soc. 2011. 546

DONG (J.), « Jeu vidéo 2.0 : Far West du droit d'auteur », Comm. com. electr. n°2, Février 2010, alerte 13

DUBARRY (J.-Cl.), « Un club de football professionnel relève-t-il de la juridiction commerciale ? », RTD com. 1981, p. 520

DU PUY-MONTBRUN (S.), « Vers la construction d'un droit de l'e-sport ? », JCP G 2018, 1194

GUICHAOUA (H.), « La frontière entre l'activité professionnelle et le bénévolat », Dr. ouvrier 2013. 229

GROFFE (J.), « L'encadrement de l'e-sport par la loi pour une république numérique du 7 octobre 2016 », Dalloz IP/IT 2019, p. 35

JEHL (J.), « Manipulations de compétitions sportives : entrée en vigueur de la convention de Macolin », JCP G 2019, 678

LOISEAU (G.), « Hébergeur – La responsabilité des plateformes de partage de vidéos », Comm. com. electr. n° 9, Septembre 2021, comm. 62

LEMAIRE (F.), « La définition juridique du sport », JCP A 2008, 2181, n° 30

MATTATIA (F.), « L'usurpation d'identité sur internet dans tous ses états », RSC 2014, n°2, p. 331 – 337

MARIEZ (J.-S.), **PRÈS (X.)**, « Régime juridique du « e-sport » : avancées législatives et compléments annoncés », RLDI 2017, n° 136

MONTEIL (M.), « L'usurpation d'identité à l'épreuve du numérique », D. 2020, p. 101 et s.

PERBOST (F.), « Quel cadre juridique pour l'e-sport », RJC mars/avril 2016, n°2, p. 165

PIÉDELIÈVRE (S.), « Premières remarques sur la loi du 14 février 2022 en faveur de l'activité indépendante », JCP N, n° 9, 4 mars 2022, act. 301

RABU (G.), « L'e-sport, un sport ? », LPA 2013, n° 216, p. 4

RABU (G.), « E-sport : le législateur aux manettes », Cah. Dr. sport 2016, n° 44

RABU (G.), « Le nouveau contrat de travail des sportifs et entraîneurs professionnels », RDT 2016

RABU (G.), « Quel droit pour l'esport ? », JS 2018, n° 185, p. 26

RADÉ (C.), « Des critères du contrat de travail. Protéger qui exactement ? Le Tentateur ? Le sportif amateur ? Le travailleur ? », Dr. soc. 2013. 202

REVERCHON-BILLOT (M.), « ''Dopage technique'', réel dopage ? », Cah. dr. sport n° 21, 2010, p. 45

TESSIER (E.), « Vers une clarification juridique de l'e-sport », LPA 2017, n° 134, p. 6

VAN DEN BULCK (P.), **VERBIEST (T.)**, « Jeux vidéo : synthèse d'un cadre juridique naissant », JCP G n° 1-2, 10 janvier 2007, doctr. 100

Contributions aux mélanges et autres ouvrages collectifs

ARCELIN (L.), « Droit de la publicité et compétition sportive électronique », in *Les enjeux juridiques de l'e-sport*, G. Rabu et M. Reverchon-Billot (dir.), PUAM, coll. « Centre de droit du sport », 2017, pp. 549 – 560

AUBY (J.-M.), « L'autorité judiciaire, gardienne du corps humain ? », in *Mél. Drago*, Économica, 1996, p. 353

BENABOU (V.-L.), « La situation des éditeurs-organisateurs au regard du droit de la concurrence », in *Les enjeux juridiques de l'e-sport*, G. Rabu et M. Reverchon-Billot (dir.), PUAM, coll. « Centre de droit du sport », 2017, pp. 353 - 369

BESOMBES (N.), « Du streaming au mainstreaming : mécanismes de médiatisation du sport électronique », in *Sport et médias*, A. Obœuf (dir.), CNRSA Éditions, coll. « Les Essentiels d'Hermès », 2015, pp. 179-189

BINCTIN (N.), **BRONZO (N.)**, « E-sport et propriété intellectuelle », in *Les enjeux juridiques de l'e-sport*, G. Rabu et M. Reverchon-Billot (dir.), PUAM, coll. « Centre de droit du sport », 2017, pp. 447 – 473

BOUDOT (M.), **FAURE-ABBAD (M.)**, « La qualification juridique de l'e-sport », in *Les enjeux juridiques de l'e-sport*, pp. 23 – 34

BROCARD (J.-F.), « Le développement économique de l'e-sport », in *Les enjeux juridiques de l'e-sport*, G. Rabu et M. Reverchon-Billot (dir.), PUAM, coll. « Centre de droit du sport », 2017, pp. 55 – 80

CIMAMONTI (S.), « L'ordre public et le droit pénal », in *L'ordre public à la fin du XXe siècle*, Dalloz, 1996, pp. 101 et s.

CONTE (Ph.), « Remarques sur la conception contemporaine de l'ordre public pénal », in *Mél. Béguin*, Litec, 2004, pp. 142 et s.

DESCHEMPS (P.), « Les contrats de sponsoring e-sportifs », in *Les enjeux juridiques de l'e-sport*, G. Rabu et M. Reverchon-Billot (dir.), PUAM, coll. « Centre de droit du sport », 2017, p. 525 - 548

DUDOGNON (Ch.), « Dopage et e-sport : Quelques aspects stratégiques et repères méthodologiques », in *Les enjeux juridiques de l'e-sport*, G. Rabu et M. Reverchon-Billot (dir.), PUAM, coll. « Centre de droit du sport », 2017, pp. 273 – 284

GANTSCHNIG (D.), « La triche dans l'e-sport », in *Les enjeux juridiques de l'e-sport*, G. Rabu et M. Reverchon-Billot (dir.), PUAM, coll. « Centre de droit du sport », 2017, pp. 285 - 298

GAUTIER (P.-Y.), « Les limites de la personnalité morale », in *Mél. Merle*, Dalloz, 2012, pp. 293 et s.

GRINGARTEN (V.), « L'e-sport où E = Éditeur », in *Les enjeux juridiques de l'e-sport*, G. Rabu et M. Reverchon-Billot (dir.), PUAM, coll. « Centre de droit du sport », 2017, pp. 223 - 241

FOUCHER (B.), « Les litiges sportifs et le juge administratif », in *Mél. Labetoulle*, Dalloz, 2007

LE GOFFIC (C.), « Le contentieux de l'e-sport », in *Les enjeux juridiques de l'e-sport*, G. Rabu et M. Reverchon-Billot (dir.), PUAM, coll. « Centre de droit du sport », 2017, pp. 301 - 350

LOPEZ (J.), « Point de vue d'un organisateur », in *Les enjeux juridiques de l'e-sport*, G. Rabu et M. Reverchon-Billot (dir.), PUAM, coll. « Centre de droit du sport », 2017, pp. 211 - 219

MOURON (Ph.), « La patrimonialisation de l'identité des joueurs de sport électronique », in *Les enjeux juridiques de l'e-sport*, G. Rabu et

M. Reverchon-Billot (dir.), PUAM, coll. « Centre de droit du sport », 2017, pp. 121 - 150

PASQUIER (T.), « Le statut social du joueur de jeu vidéo compétitif. Le droit du travail à l'épreuve de la normalisation des contrats de travail spéciaux », in *Les enjeux juridiques de l'e-sport*, G. Rabu et M. Reverchon-Billot (dir.), PUAM, coll. « Centre de droit du sport », 2017, pp. 151 - 174

PAZOS (R.), « Les enjeux juridiques de l'e-sport en Espagne », in *Les enjeux juridiques de l'e-sport*, G. Rabu et M. Reverchon-Billot (dir.), PUAM, coll. « Centre de droit du sport », 2017, pp. 95 - 117

PIMBERT (A.), « Le joueur mineur de jeu vidéo compétitif », in *Les enjeux juridiques de l'e-sport*, G. Rabu et M. Reverchon-Billot (dir.), PUAM, coll. « Centre de droit du sport », 2017, pp. 175 - 196

PORACCHIA (D.), **RABU (G.)**, « Le régime de dérogation au droit des jeux et paris », in Les enjeux juridiques de l'e-sport, G. Rabu et M. Reverchon-Billot (dir.), PUAM, coll. « Centre de droit du sport », 2017, pp. 383 – 420

RABU (G.), **REVERCHON-BILLOT (M.)**, Introduction, in *Les enjeux juridiques de l'e-sport*, G. Rabu et M. Reverchon-Billot (dir.), PUAM, coll. « Centre de droit du sport », 2017, pp. 13 – 19

VALETTE (B.), « La loi pour une République numérique, histoire d'une loi consacrant l'e-sport », in *Les enjeux juridiques de l'e-sport*, G. Rabu et M. Reverchon-Billot (dir.), PUAM, coll. « Centre de droit du sport », 2017, pp. 81 – 94

VALLOT (J.), « L'exploitation audiovisuelle des compétitions e-sportives », in *Les enjeux juridiques de l'e-sport*, G. Rabu et M. Reverchon-Billot (dir.), PUAM, coll. « Centre de droit du sport », 2017, pp. 561 – 580

Études

ARNOLD (Th.), **DUBARRY (J.)**, **CONSTANS (A.)**, « Arbitrage – L'arbitrage de l'E-Sport : It's in the Game ! », Journal de l'arbitrage de l'Université de Versailles, n° 1, Janvier 2019, étude 6

HUET (J.), CHOMIAC DE SAS (P.-X.), « L'e-sport : pas un sport, mais une « compétition de jeux vidéo » désormais encadrée », Comm. com. electr., juillet-août 2017, étude 12

RABU (G.), « Recours et formation du CDD spécifique », in *Encyclopédie Droitdusport.com*, étude 243, sept. 2019

RABU (G.), « Jeux vidéo - Les organisateurs de compétitions de jeux vidéo confrontés au droit d'auteur des éditeurs », Comm. com. electr. n° 7-8, juillet 2020, étude 14

<u>Chroniques</u>

RABU (G.), « Amorce d'un cadre juridique spécifique pour l'e-sport », Comm. com. électr. 2017, chron. 12, n° 11, obs. n° 7

RABU (G.), « La convention de Macolin rendue applicable », Comm. com. électr. 2019, chron. 11, n° 4, pp. 3 et s.

SIMON (O.), « La commercialité de l'association de la loi de 1901 », D. 1977, chron. 153

<u>Dossiers</u>

CONTE (Ph.), « *Non bis in idem* : exercice d'analyse d'où il résulte que le droit n'est pas la mathématique », Dr. pén. n°3, mars 2022, dossier 3

SEGONDS (M.), « À propos de la onzième réécriture des délits de corruption », D. 2008, dossier, p. 1071, n° 10

IV. Encyclopédies juridiques, codes et dictionnaires

<u>Encyclopédies juridiques</u>

BINET (J.-R.), JurisClasseur Civil Code, Fasc. 12 : Protection de la personne - Le corps humain, 11 décembre 2015, mis à jour le 4 août 2021

GUÉRIN (D.), JurisClasseur Pénal Code, Fasc. 20 : Circonstances aggravantes définies par le code pénal, 1er novembre 2021

LOQUIN (É.), JurisClasseur Procédure civile, Fasc. 1800-72 : Arbitrage. La décision arbitrale – Voies de recours, 29 juillet 2020

MARÉCHAL (J.-Y.), JurisClasseur Lois pénales spéciales, Fasc. 20 : Sport, 28 février 2023

RABU (G.), JurisClasseur Communication, Fasc. 655 : Compétitions de jeux vidéo, 20 octobre 2020

SOULARD (Ch.), CHAUCHIS (D.), JurisClasseur Pénal Code, Fasc. 20 : Extorsion. Chantage. Demande de fonds sous contrainte, 15 mai 2018

Codes

Code civil
Article 6
Articles 16-1, 16-2
Article 1110
Articles 1128, 1145 et 1147
Article 1842
Article 1965
Article 2059

Code de commerce
Articles L. 110-1 et L. 121-1
Articles L. 210-1 et L. 210-6
Articles L. 235-1 et L. 235-3
Article L. 442-1
Article L. 721-3

Code de justice administrative
Articles R. 311-1 et R. 312-8

Code de la santé publique
Article L. 5132-7

Code de la sécurité intérieure
Articles L. 320-1, L. 320-3 et L. 320-6
Articles L. 321-8, L. 321-9, L. 321-10 et L. 321-11
Article L. 322-2-1
Article L. 324-1

Article L. 324-8-1
Articles R. 321-40 à R. 321-45, R. 321-47, R. 321-48, R. 321-50
Article R. 324-2
Articles D. 320-2 à D. 320-8

Code de procédure civile
Article 12
Article 31
Articles 42 et 46
Article 48
Articles 75 et suivants
Article 1456
Articles 1489, 1491, 1492 et 1493
Articles 1494, 1495 et 1496

Code de procédure pénale
Articles 41-1-2 et 41-2
Article 495-7

Code des relations entre le public et l'administration
Article L. 221-8

Code du sport
Article L. 122-1
Articles L. 222-2-3 à L. 222-2-9
Article L. 222-2-10-1
Articles L. 230-7, L. 230-3, L. 232-9
Articles L. 232-5, L. 232-9
Articles L. 232-23, L. 232-26
Articles L. 333-1 et L. 333-1-1

Code du travail
Articles L. 1242-2 et L. 1242-3
Articles L. 1411-1 et R. 1412-1
Articles L. 4153-1 et L. 4153-3
Articles L. 7124-9, L. 7124-22, L. 7124-23 et L. 7124-25
Articles L. 8221-1, L. 8221-5, L. 8223-1, L. 8224-1 et L. 8224-2
Articles R. 7124-3, R. 7124-20 et R. 7124-34

Code général des impôts
Article 50-0
Article 220 terdecies, II

Article 261
Article 293 B

Code pénal
Articles 111-2, 111-3 et 111-4
Article 113-2
Article 121-2
Article 121-4
Article 132-71
Articles 222-7 et s., 222-17, 222-18, 222-18-2 et R. 623-1
Articles 222-36, 222-37 et 222-41
Article 226-4-1
Articles 312-1 et 312-10
Articles 313-1 et 313-3
Article 321-1
Article 434-8 et 434-9
Articles 445-1, 445-1-1, 445-2 et 445-2-1
Article 511-5

Livre des procédures fiscales
Articles L. 169 et L. 176

Dictionnaires

CORNU (G.), **ASSOCIATION HENRI CAPITANT**, Vocabulaire juridique, PUF, coll. « Quadridge », 14e éd., 2022

Le Petit Larousse illustré, Éd. Larousse, 2020

Le Petit Robert de la langue française, Éd. Le Robert, 2023

V. Rapports et comptes-rendus

BERDOATI (E.), Rapport sur la proposition de loi visant à renforcer l'éthique du sport et les droits des sportifs, Assemblée nationale, n° 4158

DEPIERRE (B.), Rapport n° 818 fait au nom de la commission des affaires culturelles, familiales et sociales sur le projet de loi n° 773 relatif à la lutte contre le trafic de produits dopants, Assemblée nationale, 16 avril 2008

ARJEL, « Préserver l'intégrité et la sincérité des compétitions sportives face au développement des paris sportifs en ligne », Rapport au ministre des Sports, La Documentation française, 17 mars 2011

Rapport sur le statut des sportifs, J.-P. Karaquillo (dir.), 18 février 2015

Rapport 2015-M-24, « La reconnaissance des sports cérébraux par le ministère chargé des sports », H. Madoré (dir.), 2 novembre 2015,

Rapport intermédiaire « E-sport, la pratique compétitive du jeu vidéo », J. Durain et R. Salles (dir.), mars 2016

Communication du groupe de travail sur l'e-sport, D. Masséglia (dir.), 24 juillet 2019

MARACINEANU (R.), O (C.), Dossier de presse - Stratégie nationale esport 2020-2025, 29 octobre 2019

VI. Textes

Article 8, Déclaration des droits de l'Homme et du citoyen du 26 août 1789

Décret impérial n° 1671 prohibant les maisons de jeux de hasard du 24 juin 1806

Loi du 21 mai 1836 portant prohibition des loteries

Articles 23 et 29, Loi du 29 juillet 1881 sur la liberté de la presse

Loi du 2 juin 1891 ayant pour objet de réglementer l'autorisation et le fonctionnement des courses de chevaux

Loi du 1er juillet 1901 relative au contrat d'association

Article 8, Convention européenne de sauvegarde des droits de l'homme et des libertés fondamentales du 4 novembre 1950
Article 34, Constitution de la Ve République française du 4 octobre 1958

Article 4, Protocole additionnel n° 7 à la Convention de sauvegarde des Droits de l'Homme et des Libertés fondamentales du 22 novembre 1984

Article 42, Loi n° 84-1208 du 29 décembre 1984 de finances pour 1985

Rép. min. Godfrain, n° 1738 du 22 août 1988, publié au journal officiel du 17 octobre 1988

Annexe III de l'arrêté du 22 février 1990 fixant la liste des substances classées comme stupéfiants
Article 2, Décret n° 92-280 du 27 mars 1992 fixant les principes généraux définissant les obligations des éditeurs de services en matière de publicité, de parrainage et de télé-achat

Article 20, Loi n° 2004-575 du 21 juin 2004 pour la confiance dans l'économie numérique

Convention internationale contre le dopage dans le sport du 19 octobre 2005

Article 9, Directive européenne 2006/123 dite « services » du 12 décembre 2006

Article 10, Loi n° 2010-476 relative à l'ouverture à la concurrence et à la régulation du secteur des jeux d'argent et de hasard en ligne, du 12 mai 2010

Décret n° 2010-614 du 7 juin 2010 relatif aux conditions de commercialisation des droits portant sur l'organisation de paris en relation avec une manifestation ou compétition sportives

Loi n° 2012-158 visant à renforcer l'éthique du sport et les droits des sportifs du 1er février 2012

Règlement (UE) n° 1215/2012 du Parlement européen et du Conseil du 12 décembre 2012, dit « Bruxelles I bis » concernant la compétence judiciaire, la reconnaissance et l'exécution des décisions en matière civile et commerciale
Loi n° 2014-344 du 17 mars 2014 relative à la consommation

BOI-CF-PGR-10-20 du 3 février 2016 relatif aux délais de reprise en matière d'impôt sur le revenu, d'impôt sur les sociétés et de taxes assimilées

Loi n° 2016-1321 du 7 octobre 2016 pour une République numérique

Décret n° 2017-871 du 9 mai 2017 relatif à l'organisation des compétitions de jeux vidéo

Décret n° 2017-872 du 9 mai 2017 relatif au statut du joueur professionnel salarié de jeu vidéo compétitif

BOI-IS-CHAMP-10-50-10-20 du 7 juin 2017 relatif aux critères généraux d'appréciation de la non-lucrativité des organismes privés autres que les sociétés

Arrêté du 17 avril 2018 fixant la part des récompenses perçues par les mineurs de 16 ans dans le cadre de compétitions de jeux vidéo et laissée à la disposition des représentants légaux

Arrêté du 17 avril 2018 fixant la liste des dates de début et de fin de saison de compétitions de jeux vidéo

Directive (UE) n° 2019/790 du parlement européen et du Conseil du 17 avril 2019 sur le droit d'auteur et les droits voisins dans le marché unique numérique et modifiant les directives 96/9/CE et 2001/29/CE

Article 33, Ordonnance n° 2019-1015 réformant la régulation des jeux d'argent et de hasard du 2 octobre 2019

Règlement officiel ESL Championnat national, Saison Summer 2020, Counter Strike : Global Offensive

Décret n° 2020-1349 du 4 novembre 2020 relatif aux modalités de régulation de l'Autorité nationale des jeux

BOI-CF-PGR-10-30 du 22 décembre 2020 relatif aux délais de reprise en matière de taxes sur le chiffre d'affaires et taxes assimilées et d'impôts directs locaux

Ordonnance n° 2021-580 du 12 mai 2021 portant transposition du 6 de l'article 2 et des articles 17 à 23 de la directive (UE) n° 2019/790

Arrêté du 1er juillet 2021 fixant la liste des substances et méthodes dont la détention par le sportif est interdite en application de l'article L. 232-26 du code du sport

Code mondial antidopage, Liste des interdictions, 2023

Proposition de loi visant à lutter contre les arnaques et les dérives des influenceurs sur les réseaux sociaux du 31 janvier 2023

Proposition de loi modifiée par le Sénat visant à encadrer l'influence commerciale et à lutter contre les dérives des influenceurs sur les réseaux sociaux du 10 mai 2023

Proposition de loi élaborée par la commission mixte paritaire visant à encadrer l'influence commerciale et à lutter contre les dérives des influenceurs sur les réseaux sociaux du 25 mai 2023

VII. Jurisprudence, décisions du Conseil constitutionnel et sentences arbitrales

Sur les jeux d'argent et de hasard :

Cass. crim., 5 janvier 1877 : S 1877. 1. 481

Cass. crim., 21 novembre 1989, n° 88-85.357 et n° 88-85.358 : Bull. crim. n° 432

Cass. crim., 4 novembre 2004, n° 04-81.211 : Dr. soc. 2005, n° 5, pp. 33-34, note R. Salomon

Sur le contentieux de l'agrément :

CE Ass., 17 février 1950, *Dame Lamotte* ; RDP 1951, p. 478, concl. Delvolvé, note Waline ; GAJA, n° 56

CE, Sect., 10 juillet 1964, *Centre médico-pédagogique de Beaulieu* : D. 1965, J, p. 84, concl. Rigaud

Cons. const., décision n° 86-224 DC, 23 janvier 1987, *Conseil de la concurrence* : RDP 1987, p. 1341, note Gaudemet ; RFDA 1987, p. 287, note Genevois ; GAJA, n° 82

CE, 20 janvier 1989, n° 73.962, *Fédération française de karaté-taekwondo et arts martiaux affinitaires* : Lebon, p. 954

TA Paris, 1er juin 2018, n° 170.9214

Sur le contentieux fiscal du régime de faveur des associations :

CE, 8 novembre 1967, n° 68.994, Dr. fisc. 1967, n° 51, 1289

CE, 29 septembre 1982, n° 25.078, RJF 1982, n° 11, 510

CAA Nantes, 8 avril 1992, Dr. fisc. 1992, n° 32/37, comm. 1639

CE, 10 avril 1992, n° 77.318, Dr. fisc. 1992, n° 45, comm. 2097, concl. Ph. Martin

CE, 8e et 9e ss-sect., 13 décembre 1993, n° 115.097, Dr. fisc. 1994, n° 10, comm. 435, concl. F. Loloum

CAA Paris, 2e ch., 14 décembre 1993, n° 92.924, Dr. fisc. 1994, n° 48, comm. 2025

CAA Nancy, 2e ch., 9 mai 1996, n° 931.165 et 931.166, Dr. fisc., 1996, n° 42, comm. 1250

CAA Bordeaux, 4 juillet 1996, n° 941.814, Dr. fisc. 1997, n° 20:21, comm. 573

CE, 1er octobre 1999, n° 180.289, *Association « Jeune France »*, RJF 11/99, n° 1354

CE, 3 décembre 1999, n° 133.291, RJF 1/2000, n° 35

CE, 1er mars 2000, n° 197.584, RJF 4/2000, n° 465

CE, 21 novembre 2007, n° 291.375, RJF 2/08, n° 132

CE, 9e et 10e ss-sect., 13 février 2013, n° 342.953, *Association Groupe de plongée de Carantec*, Dr. fisc. 2013, n° 16, comm. 249, concl. F. Aladjidi, note Th. Lamulle ; RJF 5/2013, n° 472 ; concl. F. Aladjidi, BDCF 5/13, n° 53

Sur la qualité de commerçant d'une association :

Cass. ch. réunies, 11 mars 1914, *Caisse rurale de Manigod* : D. 1914, 1, p. 257, note Sarrut ; S. 1918, I, p. 103

Cass. com., 7 mars 1972, n° 70-10.563 P

CA Rennes, 30 mai 1978, RJO, 1979.1.77, note M. Cosnard

CA Reims, 19 février 1980, *Groupement du Football professionnel c/ Stade de Reims et autres* : JCP G, 1981. II. 19496, note Y. Guyon ; RTD com., 1981. 520, obs. J.-Cl. Dubarry

Cass. com., 17 mars 1981, n° 79-14.117 P : D. 1983. 23, note Plaisant ; Rev. soc. 1982. 124, note Sousi

CA Paris, 3 juillet 1996 : D. Affaires 1996. 1187

<u>Sur la conclusion d'un contrat de travail à durée déterminée spécifique</u> :

Cass. crim., 2 février 1993, n° 92-80.672 : RJDA 12/1993, n° 1036

Cass. crim., 12 avril 2005, n° 04-83.101 : Bull. crim. n° 129 ; Dr. pén. 2005, comm. 95, note J.-H. Robert ; RJS 11/2005

Cass. crim., 1er mars 2016, n° 14-86.601 : JCP S, n° 22, F. Duquesne, p. 41

<u>Sur la requalification du contrat de prestation de service en contrat de travail</u> :

Cass., 3 août 1942, DA 1943. I. 1

Cass. Ass. Plén., 4 mars 1983, n° 81-11.647 et n° 81-15.290 : Bull. ass plén., n° 3 ; D. 1983, p. 381, concl. de J. Cabannes ; D. 1984. IR 184, obs. J.-M. Béraud
Cass. soc., 13 novembre 1996, *Société Générale*, n° 94-13.187 : Dr. soc. 1996, 1067, note J.-J. Dupeyroux ; JCP E 1997, II, 911, note J. Barthélémy

Cass. soc., 26 octobre 1999, Dr. soc. 2000. 146, note J. Savatier

Cass. soc., 13 janvier 2000, Bull. civ. V, n° 20

Cass. crim., 26 septembre 2000, n° 00-80.035

Cass. soc., 19 décembre 2000, *Labbanne*, n° 98-40.572 P : Dr. soc. 2001. 227, note A. Jeammaud ; Dr. ouvrier 2001. 241, note A. de Senga

Cass. soc., 29 juin 2005, n° 04-40.758 : RF Social, 2017. NS176, p. 34

Cass. soc., 15 mars 2006, n° 04-47.379, Bull. civ. V, n° 110

Cass. soc., 17 mai 2006, n° 05-43.265 F-D

Cass. soc., 23 janvier 2008, n° 06-46.137

Cass. soc., 3 juin 2009, *Île de la tentation*, n° 08-40.981 : Dr. soc. 2009, p. 780, obs. J.-J. Dupeyroux ; D. 2009, p. 1530, note J.-F. Césaro ; D. 2009, p. 2116, note P.-Y. Gautier

Cass. soc., 28 avril 2011, n° 10-15.573 : Bull. civ. V, n° 100 ; D. 2011, p. 2325, note J.-P. Karaquillo

Cass. soc., 25 juin 2013, *Mister France*, n° 12-13.968 P, Dr. ouvrier 2014. 101, note A. Mazières

Cass. soc., 4 février 2015, *Pékin Express*, n° 13-25.621, inédit : RDT 2015. 252, note B. Géniaut

Cass. soc., 28 novembre 2018, *Take Eat Easy*, n° 17-20.079 P, JCP S 49. 1398, avis de l'avocat général C. Courcol-Bouchard et note G. Loiseau ; SSL 2018/1841, obs. B. Gomes, p. 6

Cass. soc., 4 mars 2020, *Uber*, n° 19-13.316 : JCP E 2020. n° 40 note J.-F. Cesaro, p. 39 ; Dr. soc. 2022. n°6, C. Radé, p. 522

Sur la tricherie :

Cass. crim., 5 juillet 1956 : Bull. crim. n° 520

Cass. crim., 2 octobre 1978 : Gaz. Pal. 1979. 2., somm. 354

Cass. crim., 15 juin 1992 : Bull. crim. 1992, n° 234 ; Dr. pén. 1992, comm. 82, obs. M. Véron ; RSC 1993, 783, obs. P. Bouzat

Sur la consommation de psychostimulants :

Cass. civ. 1ère, 8 janvier 1962, Bull. civ. 1962, I, n°8

Cass. soc., 19 novembre 1997, n° 95-41.260

Cass. crim., 25 juin 2003, n° 02-85.381 : cité dans JCP G n° 37, 10 septembre 2008. 183, étude J.-Ch. Lapouble
Cass. crim. 25 juin 2014, n° 13-87.692, QPC. : Dr. pénal 2014, comm. n° 122, obs. V. Peltier

CEDH, 10 mars 2015, *Y.Y. c/ Turquie*, aff. 14793/08 : Gaz. Pal. n° 172, note L. Dimitrov, p. 44 ; RTD civ., n°2, note J.-P. Marguénaud, p. 331 ; RTD civ, n°2, note J. Hauser, p. 349

Cons. const., décision n° 2021-953 QPC, 3 décembre 2021, *Sct Spécitubes*

Cass. crim., 15 décembre 2021, n° 21-81.864 : RTD com. 2022.188, note B. Bouloc ; D. 2022.154, note G. Beaussonie ; AJ pénal 2022.34, note Ch.-H. Boeringer ; Dr. pén. 2022, comm. 23, note Ph. Conte

Cons. const., décision n° 2022-988 QPC, 8 avril 2022, *M. Roland B.*

Cass. crim., 13 avril 2022, n° 19-84.831, Rev. soc., n° 11, note B. Bernard, p. 622 ; Gaz. Pal. N°29, N. Catelan, p. 38 ; Gaz. Pal., n° 27, E. Dreyer, p. 42

Sur le contentieux des résultats :

Cass. crim. 30 décembre 1892, *Ferrand* : A. Varinard, J. Pradel, Dalloz, coll. « GADPG », 12e éd., 2021, n° 37
Cass. crim. 28 février 1956, *Widerkehr* : A. Varinard, J. Pradel, Dalloz, coll. « GADPG », 12e éd., 2021, n° 37

Cass. civ 2e, 4 mai 1972, n° 71-10.121 : Bull. civ. II, n° 130 ; D. 1972, p. 596, note Ph. Le Tourneau

TGI Paris, 8 novembre 1973 : D. 1975. 401, note M. Puech

CE, 22 novembre 1974, n° 88-828, *FIFAS*, Lebon, p. 577

CE, 26 novembre 1976, n° 95-262, *FFC*, Lebon, p. 513

Cass. civ 2e, 7 octobre 1981 : Rev. arb. 1984, p. 361

Cass. com., 1er mars 1983, n° 81-14.640

CA Paris, 26 mai 1987 : Rev. arb. 1987, p. 509, note Ch. Jarrosson

CA Paris, 23 mars 1989 : Rev. arb. 1990, p. 731

CA Paris, 2 juin 1989, Rev. arb., 1991.87

CA Paris, 13 juillet 1990 : Rev arb. 1991, p. 361

Cass. crim., 9 janvier 1991 : Bull. crim. 1991, n° 17 ; RSC 1992, 323, obs. P. Bouzat

CE, 25 janvier 1991, n° 104.497, *Vigier*, Lebon, p. 29 ; AJDA 1991, p . 391, concl. Leroy

Cass. civ 2e, 5 mai 1991, Rev. arb., 1992.66, note B. Ancel

Cass. crim., 15 juin 1992 : Bull. crim. 1992, n° 234 ; Dr. pén. 1992, comm. 82, obs. M. Véron ; RSC 1993, 783, obs. P. Bouzat

Trib. arb. sport, 15 novembre 1993, n° 93/103, *SC Langnau c/ Ligue suisse de Hockey sur glace*, Rec. TAS, p. 307

CA Paris, 25 mars 1994 : Rev. arb.. 1994, p. 391, note Ch. Jarrosson ; RTD com. 1994, p. 483, obs. Dubarry et E. Loquin

Trib. arb. sport, 1er août 1996, *M c/ Association internationale de boxe amateur*, Rec TAS, p. 409 ; JDI 2001, p. 268, note G. Simon

CE, 27 janvier 1997, n° 135.964, *Comité départemental du Vaucluse de pétanque et de jeu provençal*, Dict. perm. dr. sport, Bull. n° 66, p. 7917

Cass. crim., 22 mai 1997, n° 94-85.933 : Bull. crim. n° 198

CA Paris, 23 février 1999, RTD com., 1999.371, note . É. Loquin

CA Rennes, 28 janvier 2000, n° 97/01632

CE, 13 avril 2005, n° 258.190, *Féd. paintball sportif* : JurisData n° 2005-068291

Cass. civ 1ère, 14 mars 2006, n° 03-18.801 : Rev. arb. 2007, p. 71

CE, 26 juillet 2006, n° 285.529, *Féd. française de Bridge* : Rec. CE 2006, tables p. 1080

CE, 3 mars 2008, n° 308.568, *Féd. activités aquatiques éveil et loisir* : JCP A 2008, note F. Lemaire, p. 2181 ; AJDA 2008. 1219, note Touzeil-Divina

Cass. crim., 9 septembre 2008, n° 07-87.281 : Comm. com. électr. 2008, comm. 126, obs. C. Caron ; Comm. com. électr. 2009, chron. 1, spéc. n° 7, obs. M.-E. Ancel

CA Reims, 2 novembre 2011, RG n° 10/02888

Cass. crim., 8 novembre 2011, n° 10-82.021 : Dr. pén. 2012, comm. 18, obs. M. Véron

CE 9 novembre 2011, n° 347.382, *Fédération française de darts* : D. 2012. 704, obs. Centre de droit et d'économie du sport

Cass. crim., 28 janvier 2015, n° 14-81.610 : Bull. crim. n° 23 ; Dr. pén. 2015, comm. 31, obs. M. Véron

Cass. civ 2e, 14 juin 2018, n° 17-20.046 : D. 2018, p. 1784, note J.-S. Borghetti ; RTD civ. 2018, p. 908, obs. P. Jourdain ; LPA 2019, n° 245, p. 7, obs. C.-A. Maetz

VIII. Doctrine étrangère

JIN-SEO (C.), « StarCraft Losing in Gaming League », in *The Korea Times*, 19 mai 2008

HAMARI (J.), SJÖBLOM (M.), « What is eSports and why do people watch it ? », Internet Research 27(2), 2017

WAGNER (M.), « On the scientific relevance of eSports », Proceedings of the 2006 International Conference on Internet

Computing & Conference on Computer Games Development, ICOMP 2006, Las Vegas, Nevada, USA, June 26-29, 2006

YAN (J.), ''How does match-fixing inform computer game security ?'', in Security Protocols XXVI, 26th International Workshop, V. Matyáš, P. Švenda, F. Stajano, B. Christianson et J. Anderson (éd.), Cambridge, UK, March 19 – 21, 2018, Revised Selected Papers, pp. 166 - 170

IX. Articles de presse et sites Internet

Articles de presse

AGNEL (Y.), ''Le CIO envisage des sports virtuels pour les JO 2028'', in *L'Équipe*, 1er juin 2021, https://www.lequipe.fr/Esport/Actualites/Esport-le-cio-envisage-des-sports-virtuels-pour-les-jo-2028/1257730 (consulté le 30 septembre 2022)

ANONYME, ''Paris truqués en handball : les frères Karabatic condamnés à deux mois de prison avec sursis'', in *Le Monde*, 1er février 2017, https://www.lemonde.fr/police-justice /article/2017/02/01/affaire -des-paris-truques-en-handball-les-freres-karabatic-condamnes-a-deux -mois-de-prison-avec-sursis5072 8181653578.html (consulté le 28 mai 2023)

ANONYME, ''E-Sport : Les sociétés les plus rentables au monde en 2019'', in *Forbes*, 8 novembre 2019, https://www.forbes.fr/business/e-sport-les-societe-les-plus-rentables-au-monde-en-2019/ (consulté le 19 avril 2023)

ANONYME, ''League of Legends : 17.000 personnes à Bercy pour le titre de champion du monde des FPX'', in *Le Parisien*, 12 novembre 2019, https://www.leparisien.fr/video/league-of-legends-17-000-personnes-a-bercy-pour-le-titre-de-champion-du-monde-des-fpx-12-11-2019-8191281.php (consulté le 10 avril 2023)

ANONYME, ''Esport : Daniel Abt disqualifié de la Formula Race at Home à Berlin'', in *L'Équipe*, 26 mai 2020, https://www.lequipe.fr/Esport/Actualites/Esport-daniel-abt-disqualifie -de-la-formula-race-at-home-a-berlin/1137228, (consulté le 11 mai 2023)

ANONYME, ''Jeux olympiques : « Fortnite » devient une discipline e-sportive officielle'', in *Le Monde*, 8 mai 2023, https://www.lemonde.fr/pixels/article/2023/05/08/jeux-olympiques-fortnite-devient-une-discipline-e-sportive-officielle_6172515_4408996.html#:~:text=e%2Dsport,Jeux%20olympiques%20%3A%20«%20Fortnite%20»%20devient%20une%20discipline%20e%2Dsportive, olympique%20e%2Dsportive%20à%20Singapour (consulté le 8 mai 2023)

AUDUREAU (W.), ''E-sport : le CIO ne veut pas de « jeux vidéo de tuerie » aux Jeux olympiques'', in *Le Monde*, 5 septembre 2018, https://www.lemonde.fr/pixels/article/2018/09/05/e-sport-le-cio-ne-veut-pas-de-killer-games-aux-jeux-olympiques_5350653_4408996.htlm (consulté le 10 avril 2023)

BONNETON (G.), ''La révolution du e-sport : une économie en plein essor'', in *Forbes*, 15 juin 2018, https://www.forbes.fr/business/ la-revolution-du-e-sport/ (consulté le 1er mai 2023)

CALLIER (C.), ''L'e-sport, cet eldorado qui suscite les rêves les plus fous'', in *Le Figaro*, 16 mai 2023, https://www.lefigaro.fr/sports/autres-sports/l-e-sport-cet-eldorado-qui-suscite-les-reves-les-plus-fous-20230516#:~:text=ENQU%C3%8ATE%20%2D%20Depuis%20plusieurs%20ann%C3%A9es%2C%20la,D%C3%A9but% 20juin%202022 (consulté le 17 mai 2023)

DEFER (A.), ''E-sport : à Paris, un Major de « Counter-Strike » symbole d'un engouement politique récent pour le secteur'', in *Le Monde*, 8 mai 2023, https://www.lemonde.fr/pixels/article/2023/05/08/e-sport-a-paris-un-major-de-counter-strike-symbole-d-un-engouement-politique-recent-pour-le-secteur_6172502_4408996.html#:~:text=Depuis%20presque%20un%20an%2C%20l,du%20Major%20de%20CS%20%3A%20GO (consulté le 8 mai 2023)

KNIGHT (B.), ''The most valuable esports companies 2022'', in *Forbes*, 6 mai 2022, https://www.forbes.com/sites/ brettknight/2022/05/06/the-most-valuable-esports-companies-2022/?sh=59b4f584599f (consulté le 24 avril 2023)

RICHAUD (N.), ''Avec le Major de Counter-Strike, la France assoit sa position sur la carte mondiale de l'e-sport'', in *Les Échos*, 12 mai 2023, https://www.lesechos.fr/tech-medias/hightech/avec-le-major-de-counter-strike-la-france-assoit-sa-position-sur-la-carte-mondiale-de-le-sport-1942938?fbclid=IwAR1RU0X54_Y_rnEFZg5A WEEHcIGKLpSa4ivaXmr-3VFsTtScCenPAQMEOuQ, (consulté le 12 mai 2023)

Sites internet

Association France Esports, ''Esport(s) : Définition et orthographe'', 19 mars 2018, https://www.france-esports.org/esports-definition-et-orthographe (consulté le 10 avril 2023)

Association France Esports, ''Résultats de l'édition 2022 du baromètre'', 1er novembre 2022, https://www.france-esports.org/barometre-france-esports-resultats-edition-2022/ (consulté le 10 avril 2023)

AMA-WADA, ''Qui nous sommes'', https://www.wada-ama.org/fr/qui-nous-sommes (consulté le 12 mai 2023)

BESSON (F.), ''Soirée de lancement de Gentle Mates - Rediffusion Squeezie du 14/04'', 15 avril 2023, https://www.youtube.com/watch?v=USR0V23M9tA (consulté le 4 mai 2023)

Esports Integrity Commission, ''Alleged Complicity of Heroic players in Historic Coaching Bug Scandal'', https://esic.gg/open_investigation/alleged-complicity-of-heroic-players-in-historic-coaching-bug-scandal/ (consulté le 25 avril 2023)

Esports Integrity Commission, ''Appeal Result : Sergey 'LMBT' Bezhanov'', 16 octobre 2020, https://esic.gg/appeal-result/appeal-result-sergey-lmbt-bezhanov/ (consulté le 25 avril 2023)

Esports Integrity Commission, ''Esports Integrity Commission Findings from investigation into CS:GO Spectator Bug Exploitation'', 28 septembre 2020, https://esic.gg/sanction-outcome/esports-integrity-commission-findings-from-investigation-into-csgo-spectator-bug-exploitation/ (consulté le 25 avril 2023)

Esports Integrity Commission, ''Who we are'', https://esic.gg/about/ (consulté le 25 avril 2023)

European Esports Federation, ''About Esports Europe'', https://eef.gg/about/ (consulté le 10 avril 2023)

LSRcs-, ''Le plus grand tabou de l'esport'', 1er mars 2023, https://www.youtube.com/watch?v=cES6zD96z8M&list=WL&index=20 (consulté le 11 mai 2023)

LSRcs-, ''Le plus grand scandale dans l'Esport'', 20 avril 2023, https://www.youtube.com/watch?v=UyhcOC5-AOU&t=2s (consulté le 28 mai 2023)

MADIOT (J.), **LUCIU (N.)**, ''L'esport doit lui aussi faire face au dopage'', 4 juin 2019, https://www.vice.com/fr/article/8xz8x3/lesport-doit-lui-aussi-faire-face-au-dopage (consulté le 11 mai 2023)

MGG, ''Dopage à l'Adderall chez Cloud 9'', 15 juillet 2015, https://www.millenium.org/news/200891.html (consulté le 11 mai 2023)

PEGI, ''Que signifient les logos ?'', https://pegi.info/fr/page/que-signifient-les-logos (consulté le 24 avril 2023)

Statista 2023, ''Nombre de joueurs de compétitions d'e-sport recensés dans le monde en 2021, selon le pays'', décembre 2021, https://fr.statista.com/statistiques/658867/esport-competition-pays-nombre-de-joueurs-monde/ (consulté le 10 avril 2023)

The Big Whale, ''L'innovation et la prise de risque font écho à l'histoire profonde de notre pays'', 21 avril 2022, https://www.thebigwhale.io/article/macron-linnovation-et-la-prise-de-risque-font-echo-a-lhistoire-profonde-de-notre-pays (consulté le 30 septembre 2022)

Table des matières

Avertissements 5

Principales abréviations 7

INTRODUCTION 9

Première partie
Les risques contentieux de la préparation d'une compétition 25

Titre 1 Des obligations administratives sources de contentieux 27

Chapitre 1 Le risque pénal pour l'organisateur de compétitions 29

Section 1 - L'interdiction de principe des loteries et autres jeux d'argent et de hasard 29

Section 2 - L'exception stricte des compétitions de jeux vidéo 31

Chapitre 2 Le risque d'un contentieux administratif pour les équipes d'*esportifs* 41

Section 1 - Une modeste soumission à l'agrément 41

Section 2 - Le contentieux de l'agrément 42

Titre 2 La nécessaire vigilance dans le choix de la forme d'exercice de l'activité 47

Chapitre 1 La société commerciale, structure la moins épineuse pour les organisateurs 49

Section 1 - L'intérêt fiscal de façade de l'association 49

Section 2 - Le risque fiscal du recours à la forme associative 52

Chapitre 2 La société commerciale, ... 55

structure la moins dangereuse pour les clubs 55

Section 1 - Le recrutement des joueurs, critère indifférent du choix 55

Section 2 - L'incertitude quant à la qualité de commerçant, critère déterminant du choix 56

Section 3 - Les risques contentieux d'une nature commerciale hasardeuse 60

Chapitre 3 Le doute relatif à la structure privilégiée par les joueurs 63

Section 1 - La voie récente du salariat 63

Section 2 - La conclusion classique de contrats de prestation de service.....71

Conclusion de la première partie.....80

Seconde partie
Les risques contentieux concomitants à la compétition.....81

Titre 1 Les atteintes à l'intégrité de la compétition.....83
Chapitre 1 Une tricherie suffisamment sanctionnée par le droit français.....85
Section 1 - La variété des actes de tricherie.....85
Section 2 - Les sanctions de la triche.....87
Chapitre 2 Un droit positif sévère face à la consommation de psychostimulants.....93
Section 1 - La prévention du dopage par la pratique.....93
Section 2 - Une potentielle soumission à la législation du dopage.....97
Section 3 - L'inopportune soumission de l'*esport* à la législation relative au dopage.....100

Titre 2 Le contentieux des résultats.....111
Chapitre 1 La sanction par le droit pénal positif de la manipulation de l'arbitre.....113
Section 1 - La manipulation de l'arbitre de fait.....113
Section 2 - La manipulation de l'arbitre de droit.....117
Chapitre 2 La problématique des paris sur les résultats.....123
Section 1 - La difficile répression des manipulations de résultats.....123
Section 2 - La dangereuse promotion de paris *esportifs* illégaux.....135

Conclusion de la seconde partie.....142

CONCLUSION GÉNÉRALE.....145

Bibliographie.....147

Structures éditoriales du groupe L'Harmattan

L'Harmattan Italie
Via degli Artisti, 15
10124 Torino
harmattan.italia@gmail.com

L'Harmattan Hongrie
Kossuth l. u. 14-16.
1053 Budapest
harmattan@harmattan.hu

L'Harmattan Sénégal
10 VDN en face Mermoz
BP 45034 Dakar-Fann
senharmattan@gmail.com

L'Harmattan Cameroun
TSINGA/FECAFOOT
BP 11486 Yaoundé
inkoukam@gmail.com

L'Harmattan Burkina Faso
Achille Somé – tengnule@hotmail.fr

L'Harmattan Guinée
Almamya, rue KA 028 OKB Agency
BP 3470 Conakry
harmattanguinee@yahoo.fr

L'Harmattan RDC
185, avenue Nyangwe
Commune de Lingwala – Kinshasa
matangilamusadila@yahoo.fr

L'Harmattan Congo
219, avenue Nelson Mandela
BP 2874 Brazzaville
harmattan.congo@yahoo.fr

L'Harmattan Mali
ACI 2000 - Immeuble Mgr Jean Marie Cisse
Bureau 10
BP 145 Bamako-Mali
mali@harmattan.fr

L'Harmattan Togo
Djidjole – Lomé
Maison Amela
face EPP BATOME
ddamela@aol.com

L'Harmattan Côte d'Ivoire
Résidence Karl – Cité des Arts
Abidjan-Cocody
03 BP 1588 Abidjan
espace_harmattan.ci@hotmail.fr

Nos librairies en France

Librairie internationale
16, rue des Écoles
75005 Paris
librairie.internationale@harmattan.fr
01 40 46 79 11
www.librairieharmattan.com

Librairie des savoirs
21, rue des Écoles
75005 Paris
librairie.sh@harmattan.fr
01 46 34 13 71
www.librairieharmattansh.com

Librairie Le Lucernaire
53, rue Notre-Dame-des-Champs
75006 Paris
librairie@lucernaire.fr
01 42 22 67 13

www.ingramcontent.com/pod-product-compliance
Lightning Source LLC
LaVergne TN
LVHW021215061026
849535LV00008B/2742

* 9 7 8 2 3 3 6 4 2 8 0 5 5 *